I0407670

Creando Riqueza con NFTs

El método innovador para monetizar arte digital mediante blockchain

Por Alberto Ollero Herrán

Índice

Capítulo 4 - Creando tus propios NFTs: Guía práctica paso a paso

Capítulo 5 - Tokenizar arte físico como NFT fraccionado

Capítulo 6 - Integrando música y arte generativo en formato NFT

Capítulo 7 - Usos de realidad aumentada un NFTs

Capítulo 8 - Participando en el metaverso a través de NFTs

Capítulo 9 - DeFi y NFT: oportunidades de finanzas descentralizadas

Capítulo 10 - Mitigando estafas y fraudes con NTFs

Prólogo

El arte ha sido parte fundamental de mi vida desde que tengo uso de razón. Recuerdo dibujar durante horas creando mis propios personajes e historias imaginarias. En el colegio era el niño que decoraba los márgenes de sus cuadernos con bocetos y caricaturas. Crecí pensando que mi futuro estaría vinculado al mundo creativo.

Pero como les pasa a muchos, la vida me fue llevando por otros rumbos más "sensatos" para construir una carrera estable. Terminé con un trabajo corporativo que me daba estabilidad financiera, pero pocos momentos para explorar mi veta artística.

Hace unos años, cuando ya había dejado mis sueños creativos en el olvido, el universo conspiró para reencontrarme con mi verdadera pasión. Fue entonces cuando descubrí los NFT y el concepto de tokenizar obras de arte digitales en la blockchain. Supe instantáneamente que esta tecnología disruptiva marcaría un nuevo capítulo, no solo en mi vida, sino en la evolución misma del mundo del arte.

Pero ¿qué son exactamente los NFT? Se trata de "tokens no fungibles", activos únicos e irrepetibles que se registran en una blockchain. A diferencia de las criptomonedas como Bitcoin, cada NFT tiene características totalmente distintas que lo hacen imposible de replicar. Esto permite representar obras de arte digitales limitadas, que pueden ser compradas, vendidas y coleccionadas.

Los NFT están transformando la industria del arte de forma monumental. Permiten a los artistas digitales conectar directamente con sus fans y coleccionistas, sin necesidad de intermediarios. Abren nuevos canales para monetizar la creatividad a través de criptomonedas. Otorgan derechos de propiedad transparentes y verificables de las obras. Y habilitan formas antes imposibles de colaboración para construir comunidad alrededor de un proyecto artístico.

Las posibilidades para tokenizar arte digital son infinitas: ilustraciones, 3D, fotografías, videos, música, poemas, e incluso tweets y memes tienen cabida en este nuevo paradigma. Se están formando apasionadas comunidades de fans alrededor de colecciones NFT de distintos géneros y estilos…

Se están formando apasionadas comunidades de fans alrededor de colecciones NFT de distintos géneros y estilos. Desde arte digital surrealista, hasta personajes de fantasía, pasando por gemelos virtuales e incluso rockstars de pixels.

Yo mismo me introduje en este universo hace un par de años, atraído por las posibilidades revolucionarias que vislumbraba. No fue fácil al principio, tuve que aprender mucho sobre criptomonedas, blockchain, Ethereum, minting de NFTs y marketplace. Cometí errores y tropecé en el camino.

Pero con dedicación y persistencia, logré tokenizar y subastar exitosamente mis primeras piezas de arte digital. Pude conectar directamente con fans de mi trabajo a través de las redes sociales y los grupos de Discord que se han formado alrededor de proyectos NFT. Incluso pude dejar mi trabajo corporativo para dedicarme de lleno a esta nueva carrera como artista NFT.

No te voy a mentir, ser un artista NFT temprano implica desafíos. Aún hay mucha especulación y "hype" que no se enfoca en el valor real a largo plazo. Como todo mercado nuevo, atraviesa vaivenes y burbujas que sacuden el terreno. Pero el futuro es prometedor, a medida que más gente entienda y adopte esta tecnología, su impacto transformador en el arte se volverá innegable.

Por eso decidí escribir esta guía, para compartir el conocimiento que acumulé en mi propio viaje dentro de este ecosistema. Quiero prepararte y ayudarte a navegar en este nuevo mundo del arte NFT, evitando tropezones y acelerando tu curva de aprendizaje. Mi objetivo es que más artistas puedan vivir del trabajo creativo que aman, tal como los NFT me permitieron a mí.

Este libro es una invitación para que explores las posibilidades infinitas en la intersección del arte y la tecnología blockchain. Para que te adentres en esta revolución y formes parte activa del futuro.

Bienvenido al nuevo renacimiento del arte digital. Es momento de reinventar la industria creativa y escribir este emocionante capítulo juntos. Únete a la aventura, comencemos…

Capítulo 1 - Entendiendo los NFT: Qué son, cómo funcionan y por qué son especiales

Definición de NFT: Token No Fungible

Un NFT significa "Non-Fungible Token", o en español, "Token No Fungible". Para entender esto, debemos primero diferenciar entre un activo fungible y no fungible. Los activos fungibles son intercambiables, es decir, se pueden sustituir por otros idénticos. Por ejemplo, un billete de 10 dólares se puede reemplazar por cualquier otro billete de 10 dólares. En cambio, los activos no fungibles tienen características únicas que los hacen imposibles de intercambiar equivalentemente. Por ejemplo, una obra de arte específica no puede ser reemplazada por otra obra, aunque sean similares. Cada NFT es único e irrepetible.

Diferencia entre fungible y no fungible

La fungibilidad se refiere a si un activo o bien puede ser sustituido por otro idéntico de la misma clase. Un activo es fungible cuando es intercambiable de esta manera.

Por ejemplo, un billete de 10 dólares es fungible porque puede ser reemplazado por cualquier otro billete de 10 dólares. No importa cuál de todos los billetes de 10 dólares que existen uses, el valor es exactamente el mismo. Son intercambiables.

Lo mismo aplica para otras monedas fiduciarias, materias primas como el oro, acciones de una empresa, y las criptomonedas como Bitcoin. Un Bitcoin es igual a cualquier otro Bitcoin, son sustituibles.

Por el contrario, los activos no fungibles tienen características únicas que hacen imposible intercambiarlos por otro equivalente. Objetos como una obra de arte específica, un artículo coleccionable o un inmueble, son activos no fungibles. No puedes reemplazar la Mona Lisa por cualquier otra pintura.

Esta cualidad de ser completamente único e irrepetible es la que hace especiales a los NFT. A diferencia de las criptomonedas fungibles, cada token no fungible es totalmente distinto y no puede ser sustituido por ningún otro. Los NFT confieren verdadera escasez digital a objetos virtuales.

Dos NFT pueden ser similares, pero sus características subyacentes codificadas en la blockchain los definen como items digitales únicos. Esta no fungibilidad permite representar obras de arte, coleccionables y otros activos digitales como piezas limitadas e irrepetibles.

Esa es la diferencia clave entre los activos fungibles intercambiables y los no fungibles como los NFT, que revolucionan el concepto de propiedad y valor en el mundo digital.

Comparación con las criptomonedas (Bitcoin por ejemplo)

Las criptomonedas como Bitcoin son dinero digital descentralizado que utiliza criptografía y blockchain para garantizar transacciones entre pares. Bitcoin fue la primera criptomoneda, lanzada en 2009.

Al igual que los NFT, Bitcoin y otras criptos funcionan en una blockchain, un registro contable público y distribuido. Pero existen diferencias clave entre las criptomonedas y los NFT:

- Criptomonedas como Bitcoin son fungibles. Un Bitcoin es igual a cualquier otro Bitcoin, son intercambiables. Mientras que cada NFT es único y no fungible.

- Hay millones de unidades iguales de una criptomoneda. En cambio los NFT representan piezas digitales limitadas, únicas e irrepetibles.
- Las criptomonedas como Bitcoin se transan como dinero digital peer-to-peer. Los NFT representan propiedad de un activo digital específico.
- Bitcoin y otras criptos tienen valor monetario directo. El valor de un NFT puede fluctuar independientemente, basado en su escasez, utilidad y demanda como activo digital único.
- El supply de una criptomoneda como Bitcoin aumenta con el mining. Los NFT tienen un supply finito inalterable.
- Las criptomonedas permiten transacciones genéricas de valores fungibles idénticos. Los NFT confirman la propiedad y transferencia de un activo digital escaso específico.

Entonces, aunque comparten tecnología blockchain, las criptomonedas fungibles como Bitcoin difieren en función y propiedades de los NFT no fungibles. Los NFT representan propiedad verificable de activos digitales únicos, mientras las cripto son dinero digital intercambiable. Esta no fungibilidad es la clave de cómo los NFT están transformando la economía digital.

Cómo se crea un NFT: minting

La creación o acuñación de un NFT se conoce como minting o minteado en español. Es el proceso mediante el cual se genera un token no fungible y se registra en la blockchain.

Los pasos para crear un NFT son:

- Se necesita una obra de arte o contenido digital original que se desea tokenizar. Este será el activo único respaldado por el NFT.
- Se requiere una billetera digital crypto, como Metamask o Coinbase Wallet, que permita conectarse a la blockchain y realizar transacciones.
- Se debe seleccionar una blockchain para emitir el NFT. La más utilizada es Ethereum por su ecosistema NFT.
- A través de un smart contract, se genera el NFT con los metadatos que codifican sus características únicas.
- Esto consume una pequeña cantidad de criptomoneda nativa de la blockchain (ETH en Ethereum) en concepto de gas o comisión.
- El smart contract registra el NFT en la blockchain, con tu billetera como propietaria inicial.
- El NFT ya existe de manera única e irrepetible en la blockchain, respaldado por tu obra original.
- Puedes verlo en tu billetera crypto y está listo para ser transferido o comercializado.

El minting consume recursos computacionales, por eso tiene un pequeño costo en criptomonedas. Pero permite registrar de manera descentralizada e inmutable un nuevo NFT único en la blockchain. Y esto abre grandes posibilidades para los creadores digitales.

En qué consiste tokenizar una obra digital

Tokenizar una obra de arte u otro contenido digital significa convertirlo en un token no fungible (NFT) en una blockchain. Esto confiere propiedad verificable al activo digital.

Por ejemplo, se puede tokenizar una ilustración digital de la siguiente manera:

- El artista crea una ilustración original como un archivo digital (PNG, JPG, GIF, etc).
- Mediante un smart contract, se genera un NFT único con los metadatos de la obra: título, descripción, imagen, propiedad, etc.
- La ilustración se sube y se vincula al NFT recién creado.
- El NFT se registra en la blockchain, con el artista como propietario inicial.
- La obra original ahora tiene un certificado digital de autenticidad y propiedad NFT registrado públicamente.
- El artista puede vender el NFT en un marketplace, transfiriendo la obra y la propiedad asociada mediante la blockchain.
- El comprador obtiene el NFT, con los derechos de propiedad de la ilustración tokenizada.
- La obra digital original, ahora con propiedad verificable, adquiere valor de mercado como activo único.

Este es el poder de tokenizar contenido digital: convertir obras que son infinitamente reproducibles en piezas digitales únicas y verificables, con valor de mercado. Abre un mundo de oportunidades para artistas y creadores.

¿Por qué se tokenizan obras de arte y coleccionables?

Históricamente, la reproducibilidad infinita de contenido digital planteaba desafíos únicos para las industrias creativas. Si una obra podía copiarse y distribuirse gratuitamente sin límites a través de internet, ¿cómo generar modelos de negocio viables para artistas?

Surgen entonces los NFT como una innovación disruptiva, que permiten aplicar el concepto de escasez a objetos virtuales. Mediante la creación de tokens no fungibles únicos, las obras digitales adquieren certificados de autenticidad y propiedad. Dejan de ser infinitamente intercambiables para convertirse en items verificables, limitados y coleccionables.

Esto abre un abanico de posibilidades para reinventar mercados creativos antes imposibles. Los artistas digitales pueden conectar directamente con fans y coleccionistas, sin necesitar intermediarios. Sus obras tokenizadas obtienen valor de mercado real basado en su escasez y demanda como activos únicos.

Se incentiva el coleccionismo de estas piezas digitales, intercambiables en nuevos marketplaces especializados. Incluso se puede fraccionar la propiedad de una sola obra maestra NFT entre múltiples dueños. Todo transparente y descentralizado a través de blockchain.

Así, los NFT allanan el camino para modelos económicos antes inviables en lo digital. Promueven la creación de comunidades en torno a proyectos artísticos con un alto grado de experimentación. Están transformando industrias creativas hacia un nuevo paradigma de propiedad y valor en la era virtual.

Blockchain Ethereum y los smart contracts

La mayoría de los NFT se crean en la blockchain de Ethereum, la segunda red más grande después de Bitcoin.

A diferencia de la blockchain de Bitcoin, enfocada en transacciones de su criptomoneda nativa, Ethereum está diseñada como una plataforma descentralizada para todo tipo de aplicaciones basadas en blockchain.

Para ello, introduce un concepto revolucionario: los smart contracts. Los smart contracts son programas informáticos que se ejecutan automáticamente cuando se cumplen ciertas condiciones.

Esto permite crear reglas y complejas lógicas de negocio que se validan y ejecutan en la blockchain de Ethereum. De esta forma se pueden construir NFT con funciones avanzadas.

Por ejemplo, para generar un NFT se desarrolla un smart contract que codifica sus metadatos únicos y registra la transacción en la blockchain cuando se realiza el minting.

Otros smart contracts avanzados permiten incorporar royalty automáticos para los creadores cuando se revenden sus obras, fraccionar un NFT en múltiples tokens, integrar derechos de propiedad compartida, y más.

Gracias a la flexibilidad de los smart contracts, Ethereum se ha convertido en la plataforma por excelencia para construir aplicaciones descentralizadas, y por esto es la principal blockchain para NFT hasta el momento. Su adopción masiva ha sentado las bases de la Web 3.0.

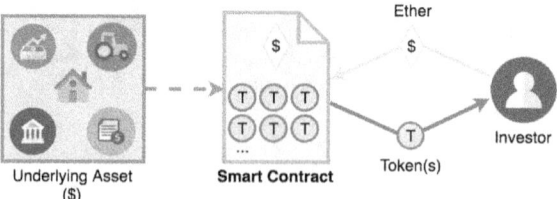

Anatomía de un NFT: metadata que los definen

Cada NFT contiene metadatos que definen sus características únicas. Estos metadatos son los que distinguen a cada token no fungible como un activo digital irrepetible.

Los metadatos típicos que componen un NFT son:

- El contrato inteligente (smart contract address) que lo generó.
- La blockchain en la que fue creado (Ethereum, Solana, etc).
- El identificador único (token ID) del NFT.
- El propietario del NFT.
- El creador o artista que lo generó.
- Datos descriptivos como nombre, descripción y tags.
- La imagen, video u obra de arte asociada.
- Atributos especiales del NFT como rareza, accesorios, habilidades, etc.
- Si el NFT fue acuñado como parte de una colección más amplia.
- Enlace a un archivo JSON con información extendida.
- Registro histórico de transacciones y cambios de propiedad.

Gracias a estos metadatos encriptados en la blockchain, cada NFT es completamente distinguible de cualquier otro, aún si su contenido subyacente es similar. Los metadatos otorgan identidad y valor a cada token no fungible como objeto digital único.

Por qué los NFT son únicos e irrepetibles

A simple vista puede parecer una contradicción que los NFT representen objetos digitales únicos cuando su contenido asociado es infinitamente reproducible. Si se puede copiar y pegar una imagen miles de veces, ¿cómo puede ser única como NFT?

La clave está en entender que la auténtica escasez y originalidad de cada token no fungible no se deriva directamente de su contenido, sino de la información encriptada en la blockchain.

Cada NFT tiene un identificador irrepetible y metadatos exclusivos que lo definen como item individual. Su creación a través de un smart contract particular le confiere características y utilidad especiales. El registro transparente de origen y propiedad en blockchain certifica su autenticidad.

Aún si su contenido visual es idéntico, la información de la blockchain hace imposible replicar exactamente un NFT. De esta manera, la tecnología posibilita la escasez y valor de estos objetos virtuales, cuya propiedad es exclusiva y verificable gracias a la no fungibilidad.

Así, el poder de los NFT reside en la identidad y utilidad únicas que la blockchain les confiere, más allá de su apariencia. Esto es lo que permite representar obras virtuales limitadas e irrepetibles, reinventando los modelos de propiedad y economía en la era digital.

Escasez digital: propiedad y autenticidad

Históricamente el mundo digital presentaba el problema de la reproducibilidad infinita. Cualquier contenido como imágenes, videos o texto podía copiarse y distribuirse gratuitamente millones de veces. Esto condenaba a la abundancia y por tanto hacía imposible generar escasez, que es necesaria para atribuir valor a los activos digitales.

Los NFT resuelven este dilema al permitir la escasez verificable en el entorno digital. Al tokenizar obras de arte u otros coleccionables en la blockchain, se transforman en activos únicos y limitados, cuya propiedad está certificada criptográficamente.

Esto permite por primera vez intercambiar items digitales escasos dentro de la economía de la escasez, donde los bienes obtienen valor en función de su disponibilidad limitada y demanda del mercado.

Adicionalmente, cada NFT contiene metadatos que validan su autenticidad y procedencia. Esto resulta en certificados digitales de autenticidad para objetos virtuales, resolviendo el problema de copias idénticas sin valor.

En síntesis, los NFT introducen de forma disruptiva los conceptos de escasez, propiedad y autenticidad en el mundo digital. Y esta innovación está reinventando modelos económicos y de negocio en todas las industrias digitales creativas.

El registro de la transacciones en la blockchain

Una característica fundamental que otorgan los NFT es el registro transparente e inmutable de la historia de propiedad y transacciones de cada token.

Cada vez que un NFT se crea o se transfiere entre propietarios, esa transacción se registra en la blockchain. Esta opera como un libro contable público y distribuido.

Cualquiera puede verificar la procedencia y el historial de quién ha sido propietario de un NFT desde su creación. Esta trazabilidad es inherente al funcionamiento de la blockchain.

Algunos beneficios clave de este registro público de transacciones:

Transparencia para validar la autenticidad y escasez de cada NFT.

Auditabilidad incorruptible del historial de un NFT.

Se facilita atribuir valor a NFTs con historiales verificables.

Permite incorporar royalty automáticos para creadores cuando se re-venden sus obras.

Otorga confianza a propietarios sobre la tenencia y custodia de sus NFTs.

Habilita nuevos modelos económicos que aprovechan esta trazabilidad.

En resumen, el historial de transacciones transparente e inmutable es una característica esencial de los NFT que refuerza su autenticidad, propiedad y potencial de generar valor a largo plazo.

Los NFT y la economía de la escasez

Históricamente, la reproducibilidad infinita de los activos digitales planteaba un desafío para generar modelos económicos viables en industrias creativas digitales. Al poder copiar y distribuir contenidos sin límites, no había escasez, uno de los pilares de la economía tradicional.

Los NFT resuelven esta limitación al permitir la creación de escasez verificable en el mundo digital. Al tokenizar obras de arte y coleccionables en piezas únicas e irrepetibles, se introducen en la economía de la escasez.

En esta economía basada en la limitada disponibilidad, los activos obtienen valor en función de su escasez y la demanda del mercado. Cuanto más único y difícil de obtener sea un NFT, mayor será su valor potencial.

Esto permite a los creadores digitales incorporar sus obras en este nuevo modelo económico de la escasez programable. Pueden intercambiar sus creaciones directamente con fans y coleccionistas a nivel global. Surgen nuevos mercados, empresas e inclusive profesiones enfocadas en esta economía de los NFT.

Así, la tecnología está transformando modelos tradicionales de valor, propiedad y economía en la era digital. Los NFT abren la puerta a una nueva generación de aplicaciones innovadoras, modelos de negocio y forma de intercambio de valor a nivel global.

El impacto de los NFT en las industrias creativas

La tecnología NFT está generando un impacto profundo en industrias creativas como el arte, la música, el diseño, la moda, el entretenimiento y los videojuegos. Algunas forma en que están transformando estos sectores:

- Permite a los creadores digitales monetizar su trabajo directamente y globalmente, sin intermediarios.

- Abre nuevos modelos de negocio y flujos de ingresos para artistas mediante la venta de NFT.
- Los fans pueden apoyar a sus artistas favoritos coleccionando y revendiendo sus creaciones tokenizadas.
- Facilita certificar la autenticidad y escasez de obras de arte digitales.
- Promueve la experimentación con nuevos formatos híbridos de arte físico y digital.
- Permite fraccionar la propiedad de grandes obras entre múltiples coleccionistas a través de NFTs.
- Conecta a creadores con comunidades globales de fans afines y mecenas.
- Impulsa nuevas formas de arte generativo y colaborativo gracias a la tecnología.

Los NFT están descentralizando y globalizando las industrias creativas, al tiempo que abren espacio para formatos innovadores de creación, propiedad y monetización para los artistas digitales.

Ejemplos de diferentes tipos de NFT artísticos

La tecnología NFT ha abierto un abanico de nuevas posibilidades para la creación y el coleccionismo de arte digital. Desde ilustraciones únicas de artistas digitales hasta animaciones 3D futuristas, la experimentación con nuevos formatos de tokenización es inagotable.

Entendiendo el valor de un NFT más allá del precio

El valor de un NFT raramente se limita a su precio de adquisición o cotización en el mercado. Hay fuentes de valor más profundas que derivan de la tecnología y sus usos en la cultura digital.

Para sus propietarios, un NFT puede ser una llave de acceso exclusivo a comunidades y experiencias, como beneficios VIP en eventos y plataformas. Otros valoran la propiedad verificable mediante blockchain sobre obras de arte únicas creadas por artistas reconocidos.

Algunos NFTs desbloquean utilidades específicas en aplicaciones descentralizadas y videojuegos. Otros tienen un valor histórico y cultural como objetos digitales emblemáticos de un momento específico, como los primeros tuits famosos tokenizados.

Más allá del precio actual, muchos ven a los NFTs como inversiones a largo plazo dado su potencial a seguir apreciándose por su creciente demanda. También está el sentimiento de apoyar a creadores y de pertenecer a comunidades de vanguardia en tecnología.

En síntesis, el valor de un NFT trasciende lo monetario y se extiende a territorios sociales, culturales, utilitarios y especulativos. Representan una nueva clase de activos en la intersección del arte, la tecnología y la escasez programable

Entre los nuevos subgéneros que han surgido, se encuentran obras de realidad aumentada que superponen capas digitales a espacios físicos. Músicos que ofrecen sus canciones como NFT para que los fans coleccionen discos limitados. Esculturas y objetos virtuales para exhibirse en mundos de metaverso.

Incluso memes de internet y contenido viral se han tokenizado, volviéndose piezas emblemáticas de la cultura digital actual. Algunos proyectos proponen obras efímeras que se autodestruyen digitalmente después de un tiempo, jugando con el valor de la escasez temporal.

Desde animadores 3D hasta fotógrafos paisajistas, cualquier artista que trabaje en formato digital ahora puede explorar nuevas formas de arte generativo, colaboraciones a gran escala y modelos de distribución directa con sus audiencias globales.

Los NFT representan no solo una reinvención de las artes para la era blockchain, sino potencialmente un nuevo renacimiento de la creatividad en la intersección con la tecnología. Queda mucho por imaginar en este territorio en evolución.

Los NFT y el futuro de la propiedad digital

Los NFT representan un avance tecnológico con el potencial de redefinir el concepto de propiedad en el mundo digital.
Al permitir asignar certificados de propiedad únicos a objetos virtuales, los NFT plantean un paradigma donde casi cualquier cosa en formato digital puede poseerse y comerciarse.
Esto amplía enormemente la capacidad de generar valor y modelos de negocio en base a la propiedad de activos intangibles online. Desde obras de arte y música, hasta items en videojuegos y membresías digitales, todo se vuelve potencialmente transferible.
A futuro se proyecta la creación de todo tipo de "meta-propiedades" respaldadas por NFT, desde identidades y reputación online, propiedades virtuales, votos digitales, acciones fraccionarias, y más.
Incluso los NFT podrían usarse para representar contratos inteligentes y acuerdos digitales de una forma directamente ejecutable en blockchain.
Las posibilidades para reinventar las estructuras de propiedad, poder e intercambio de valor en el mundo digital son enormes. Los NFT son sólo el comienzo de este nuevo paradigma descentralizado.

Capítulo 2 - Generando ideas: Encontrando tu nicho y creando obras de arte digitales

Evaluando tus habilidades para identificar nichos de NFT viables

Antes de generar ideas para un proyecto NFT, es útil hacer una auto-evaluación honesta de tus habilidades actuales para identificar nichos y temáticas donde puedas destacarte. Algunas preguntas clave para hacerte:

- ¿Cuáles son mis principales fortalezas creativas y de ejecución? ¿Ilustración digital, animación 3D, diseño gráfico, escultura virtual, música electrónica? Enfócate en dominios donde ya tengas experiencia.
- ¿Sobre qué temas tengo mayor conocimiento y pasión? Tus nichos deben alinearse con tus intereses personales.
- ¿Qué estilos, técnicas y tendencias actuales domino o puedo aprender rápidamente? Debes poder ejecutar en tendencias que ya tengan mercado probado.
- ¿Qué personas, comunidades o audiencias específicas puedo identificar que se conecten con mi obra? Enfócate en nichos claros, no en lo masivo.
- ¿Qué recursos y tiempo puedo invertir actualmente en crear, promover y distribuir mis NFTs? Prioriza ideas viables dentro de tus limitaciones.
- ¿Estoy dispuesto a colaborar con otros expertos para cubrir habilidades complementarias? Equipos multifacéticos potencian proyectos.

Respondiendo con honestidad estas preguntas, puedes autoevaluar tus "superpoderes" creativos e identificar nichos NFT donde tienes mayor probabilidad de ejecutar ideas originales de alto impacto.

Entendiendo las tendencias actuales en el mundo del arte NFT

El ecosistema NFT es dinámico y las tendencias van evolucionando rápidamente. Para crear proyectos relevantes, es clave entender qué está resonando hoy en el mundo del arte NFT. Algunas tendencias a considerar:

- Ilustraciones 2D con estilos modernos como Dreamy anime, abstracto, psicodélico, etc.
- Obras 3D futuristas, cyborgs, ciencia ficción y fantasía.
- Coleccionables y avatares de criaturas únicas generadas proceduralmente.
- Arte generativo que se actualiza dinámicamente e interactúa con blockchains.
- Experiencias artísticas inmersivas en realidad virtual y aumentada.
- Colaboraciones entre artistas digitales y tradicionales. Tokenización del arte físico.
- Obras que evolucionan y cambian con el tiempo según acciones del dueño.
- Proyectos con impacto social y ambiental positivo.
- Integrar música y arte visual en formato NFT evolutivos.
- Apalancar blockchain para crear mercados de reventa justos para artistas.
- Colecciones con estatus y acceso a beneficios para sus poseedores.

Monitorizar tendencias en plataformas líderes como Opensea es clave para identificar oportunidades y evitar ideas saturadas. Lo innovador hoy, se vuelve copiado rápidamente. Mantente ágil.

Generando ideas originales con técnicas creativas probadas

Más que esperar la inspiración, puedes usar técnicas creativas focalizadas para generar ideas innovadoras de NFTs de forma proactiva.

Un enfoque poderoso es la inversión de perspectivas. Si tu nicho son criaturas de fantasía, imagina cómo lucirían en un contexto sci-fi cyberpunk. O si trabajas con animaciones minimalistas, visualiza cómo cobran vida con interacciones hiperrealistas.

También puedes encontrar inspiración recombinando elementos de contextos totalmente disímbolos. Por ejemplo, mezclar la estética de la Grecia clásica con tramas épicas de ficción contemporánea. O usar diseños tradicionales de diferentes culturas, recombinados en nuevas formas modernas.

Otra fuente de ideas frescas son colaboraciones interdisciplinarias, por ejemplo entre músicos, escritores y artistas visuales para dar vida a nuevos universos de ficción en formato NFT.

Lo importante es salir de tu zona conocida e imponerte retos creativos ambiciosos mediante técnicas como estas. Así surgirán conexiones y conceptos realmente innovadores que capturen la imaginación de tus audiencias.

Encontrando la intersección entre tus pasiones y lo que valora tu audiencia

Para crear NFTs exitosos es clave encontrar proyectos en la intersección entre tus pasiones creativas como artista y lo que tu audiencia objetivo valora y desea. Algunos métodos para investigar a tu audiencia:

- Habla directamente con tu comunidad en Discord, Twitter, etc. Pregunta qué temas y estilos quisieran ver más.
- Estudia los proyectos NFT exitosos en tu nicho. Identifica patrones en lo que la audiencia apoya.
- Haz encuestas y cuestionarios a tu audiencia sobre sus preferencias. Ofrece recompensas en NFTs por su feedback.
- Analiza los datos de mercados NFT como volúmenes de venta, precios, actividad en redes para cada tipo de proyecto.
- Investiga las tendencias de búsqueda y hashtags relacionadas a tu nicho para identificar demanda temprana.
- Conecta con líderes de opinión y curadores en tu espacio NFT para entender qué buscan.

Al combinar estos insights sobre las preferencias de tu audiencia con tus propias pasiones e inspiraciones como artistas, puedes identificar proyectos NFT con alto potencial. Encuentra esa intersección mágica entre demanda del mercado y creatividad personal.

Definiendo tu identidad artística única y personalidad creativa

Para crear proyectos NFT memorables es importante definir tu identidad artística y personalidad creativa únicas. Esto te diferenciará y construirá tu marca personal. Algunos consejos:

- Determina los temas, estilos, técnicas y paletas de color distintivas de tu obra y úsalos consistentemente para crear coherencia.
- Cuenta tu historia personal como artista y el significado que intentas transmitir a través de tu arte para conectar con tu audiencia.
- Si colaboras con otros creadores, asegúrate de que tu punto de vista y aporte creativo sea claramente distinguible.
- Crea o reinventa un alias artístico y avatar que represente visualmente tu personalidad.
- Interactúa regularmente con tus seguidores para que conozcan la mente creativa detrás de la obra. Deja ver tu personalidad.
- Documenta y comparte abiertamente tu proceso creativo desde la conceptualización hasta la ejecución final.
- Incorpora elementos de tu cultura local para darle un toque distintivo a tu producción.
- Enfoca tu producción en un nicho temático claro, evitando dispersarte en muchas direcciones.
- Usa un lema o frase que resuma la esencia de tu propuesta artística única.

- Crea contenido educativo para que tu audiencia conozca a profundidad tu enfoque creativo.
- Identifica los valores que impulsan tu arte y comunícalos constantemente.
- Colabora con marcas afines a tu identidad para potenciar tu alcance.

Definir y proyectar activamente una identidad creativa fuerte, hará que tu obra resuene más con tu audiencia ideal. Tus NFTs deben reflejar tu perspectiva artística única.

Estudiando a tus referentes e inspiraciones en el arte digital

Aún recuerdo la primera vez que descubrí el arte de Mona Dot. Quedé impactado por su uso del espacio negativo y las composiciones minimalistas en tonos pastel.
Pasé horas analizando cada una de sus obras digitales, desde las primeras con brochas gruesas de acrílico simulado hasta los hologramas generativos psicodélicos que crea ahora.

Leí todas las entrevistas que pude encontrar para entender su perspectiva sobre el fluir de la creatividad. Lo que más me inspiró fue su idea de vaciar la mente y dejar que la intuición guíe el proceso artístico, usando la técnica sólo como medio.
Me propuse replicar el estilo de Mona como ejercicio de aprendizaje. Fracasé muchas veces intentando imitar su uso magistral del color y la textura. Pero logré internalizar algunos principios y técnicas que me ayudaron a expandir mi propio lenguaje visual.

Hoy sigo a Mona en su Discord privado, donde comparte actualizaciones e insights sobre su práctica creativa. Ver cómo este gran referente continúa explorando e innovando, me recuerda que debo mantener siempre esa curiosidad infantil en mi propia búsqueda artística.

De esa simbiosis entre la inspiración de mis referentes y mi intuición personal han nacido algunas de mis obras NFT. El aprendizaje nunca se detiene para un artista.

Estudiar y analizar el trabajo de tus artistas referentes puede ayudarte a potenciar tu creatividad, técnica y proceso para crear NFTs de alto impacto. Algunos tips:

- Identifica los estilos, composición, paletas de color y técnicas que admiras de ese artista. Haz tu propia versión como ejercicio.
- Lee o escucha entrevistas para entender su enfoque creativo e inspiraciones. Aplica insights valiosos a tu propio trabajo.
- Sigue a tus referentes en redes y comunidades digitales para estar al tanto de sus nuevos lanzamientos y aprender de su proceso.
- Colecciona piezas de ese artista que más te inspiren y analízalas en profundidad, tanto técnica como conceptualmente.
- Identifica qué necesidades del público está resolviendo ese artista con su trabajo y cómo puedes aplicarlo.

- Descompón las obras en partes para entender las técnicas usadas y replicarlas integrándolas a tu estilo propio.
- Conecta directamente con ese artista como mentor para obtener feedback de valor sobre tu obra.

Imprégnate de las inspiraciones de grandes artistas digitales, pero filtra e integra esas influencias a través del prisma de tu propia identidad creativa única.

Experimentando con nuevos estilos, técnicas y formatos

Para crear NFTs innovadores es esencial tener una mentalidad de experimentación constante, probando nuevas técnicas, estilos y formatos. Algunas formas de hacerlo:

- Asiste a talleres o tutorías para dominar nuevas habilidades digitales como animación 3D, diseño de assets para metaverso, composición de música electrónica, etc.
- Inscríbete en sitios de retos de arte donde te asignan crear en estilos aleatorios para sacarte de tu zona de confort.
- Juega e improvisa con software y herramientas nuevas sin un objetivo definido para descubrir resultados interesantes.
- Colabora con artistas de disciplinas totalmente diferentes a la tuya intercambiando conocimientos y co-creando.
- Busca inspiración en campos creativos distintos al tuyo como la alta costura, arquitectura, diseño industrial, etc.
- Asiste a exhibiciones de arte digitales y físicas para exponerte a nuevas tendencias y conceptos.
- Experimenta crear NFTs que interactúen con datos en tiempo real o responde a inputs del usuario.
- Proyectos cortos y continuos te permiten iterar más rápidamente que obras muy elaboradas. No temas fallar.

Adoptar una mentalidad de experimentación y juego te abrirá puertas creativas que ni siquiera sabías que existían. Atrévete a ir más allá de lo conocido.

Experimentando con nuevos estilos, técnicas y formatos

Para crear NFTs realmente innovadores, es esencial que los artistas adopten una mentalidad de experimentación y aprendizaje constantes. Esto implica salir continuamente de la zona de confort para exponerse a nuevas técnicas, estilos y formatos artísticos.

Por ejemplo, un ilustrador 2D podría comenzar a tomar clases de modelado y animación 3D para llevar sus diseños a entornos digitales más inmersivos. Incluso pequeños experimentos creando assets 3D simples utilizando software nuevo, le darían nuevas perspectivas.

También resulta útil aprender técnicas y principios compositivos de otras disciplinas como el cine, la animación o el diseño gráfico. Estos pueden aplicarse de forma novedosa en la creación de NFTs visualmente impactantes.

La clave es mantener una mentalidad de eterno aprendiz y evitar el estancamiento creativo. Buscar activamente expandir la caja de herramientas y conocimientos sobre diferentes medios y técnicas artísticas. Esto permite enriquecer el proceso creativo exponencialmente.

Para crear NFTs innovadores es esencial tener una mentalidad de experimentación constante, probando nuevas técnicas, estilos y formatos. Algunas formas de hacerlo:

- Asiste a talleres o tutorías para dominar nuevas habilidades digitales como animación 3D, diseño de assets para metaverso, composición de música electrónica, etc.
- Inscríbete en sitios de retos de arte donde te asignan crear en estilos aleatorios para sacarte de tu zona de confort.
- Juega e improvisa con software y herramientas nuevas sin un objetivo definido para descubrir resultados interesantes.
- Colabora con artistas de disciplinas totalmente diferentes a la tuya intercambiando conocimientos y co-creando.
- Busca inspiración en campos creativos distintos al tuyo como la alta costura, arquitectura, diseño industrial, etc.
- Asiste a exhibiciones de arte digitales y físicas para exponerte a nuevas tendencias y conceptos.
- Experimenta crear NFTs que interactúen con datos en tiempo real o respondan a inputs del usuario.
- Proyectos cortos y continuos te permiten iterar más rápidamente que obras muy elaboradas. No temas fallar.

Adoptar una mentalidad de experimentación y juego te abrirá puertas creativas que ni siquiera sabías que existían. Atrévete a ir más allá de lo conocido.

La importancia de enfocarse en comunidad y narrativa, no sólo en el arte

Más allá de crear obras de arte digital hermosas, para triunfar en el mundo de los NFT es clave enfocarse en construir una comunidad activa y desarrollar una narrativa convincente alrededor de tu proyecto.

Una comunidad fuerte de fans y seguidores crea demanda y valor para tus creaciones como NFT. Para lograrlo:

- Interactúa constantemente con tus seguidores respondiendo preguntas y fomentando conversaciones.
- Organiza o participa en eventos digitales y presenciales para reunir a tu comunidad.
- Comparte tu proceso creativo para que te conozcan como artista más allá de tu obra finalizada.
- Colabora con líderes de opinión respetados para ganar credibilidad.
- Muestra coherencia entre tu propuesta de valor y acciones para generar confianza.

Por otro lado, una narrativa convincente que cautive a tu audiencia es esencial. Elementos clave:

- Una visión y propósito que resuenen con los intereses de tu comunidad.
- Una historia y mitología alrededor de tu obra que la haga más profunda.
- Utilizar storytelling para conectar emocionalmente con la audiencia.
- Personajes e historias que evolucionen junto con los aportes de la comunidad.

Con un enfoque intenso en comunidad y narrativa, tus NFTs tendrán un significado más profundo que potenciará su valor a largo plazo.

Equilibrando rareza y accesibilidad al conceptualizar proyectos de NFT

Al crear una colección de NFT, es importante equilibrar rareza y accesibilidad:

Por un lado, generar algunos NFTs 1/1 realmente exclusivos o con características únicas aumenta el valor percibido y la demanda de toda la colección. Crear piezas únicas para subastas especiales o que den acceso a beneficios VIP también atrae atención.

Pero por otro lado, tener precios de entrada accesibles y grandes volúmenes de NFTs disponibles amplía la comunidad y potencia el mercado secundario. Los nuevos fans también aspiran a obtener ediciones limitadas valiosas.

Un modelo recomendado es:

- 10-20% de NFTs 1/1 exclusivos o muy limitados para generar aspiración.
- 20-30% de ediciones limitadas en diferentes rangos de rareza y beneficios.
- 50%+ de NFTs con precios accesibles y en gran volumen para ampliar la comunidad.

La clave está en encontrar un balance entre rareza y accesibilidad de acuerdo al nicho. Una distribución estratégica de estas características crea un ecosistema NFT saludable y sostenible.

Colaborando con otros artistas para potenciar tus creaciones

Las colaboraciones estratégicas con otros artistas y creadores pueden llevar tus NFTs a otro nivel combinando habilidades complementarias. Algunas formas de hacerlo:

- Colaboraciones 1 a 1 para crear NFTs fusionando los estilos únicos de cada artista. Por ejemplo, un ilustrador con un músico generativo.
- Proyectos grupales donde varios artistas contribuyen a partes que se combinan en una creación mayor. Por ejemplo artistas 3D, 2D y escritores creando conjuntamente un metaverso fantástico.
- Comisionar a talentos destacados en áreas fuera de tu expertise para incorporar nuevos elementos a tus NFTs. Por ejemplo contratar un diseñador sonoro para tu colección de arte generativo.
- Buscar socios con habilidades complementarias a las tuyas, como programación blockchain, diseño 3D o marketing.
- Uniendo fuerzas con artistas reconocidos puedes expandir tu comunidad más rápidamente.
- Fomentar un espíritu de abundancia, no de competencia. Todos ganan cuando potenciamos el ecosistema creativo.

Con la mentalidad correcta, las colaboraciones artísticas benefician a todos los participantes y potencian el resultado final exponencialmente gracias a la diversidad de perspectivas y talentos.

Usando algoritmos y AI creativa de forma ética como herramienta

Las nuevas herramientas como inteligencia artificial generativa brindan posibilidades interesantes para potenciar la creatividad humana si se usan correctamente:

- Los algoritmos pueden ayudar a encontrar nuevas conexiones inspiradoras combinando inputs aleatorios o bases de datos de referencia.
- Los modelos generativos entrenados en un estilo particular te permiten crear bocetos y conceptos más rápidamente.

- La IA también puede ayudar en tareas repetitivas liberando tu energía creativa para áreas de mayor valor.

Sin embargo, es clave mantener una postura ética al incorporar estas tecnologías:

- La creatividad humana debe guiar el proceso, la AI es sólo una herramienta de apoyo.
- No uses algoritmos o modelos AI sin dar el crédito apropiado. Cita tus fuentes.
- No copies o plagies el trabajo de otros artistas "alimentando" los modelos generativos con su trabajo sin consentimiento.
- Prioriza la creación de valor para tus fans y la sociedad, no sólo beneficios económicos.

Usada apropiadamente, la AI y algoritmos pueden amplificar la creatividad humana, pero no reemplazarla. Adopta estas tecnologías de forma transparente, ética y centrada en el usuario.

Las nuevas herramientas como inteligencia artificial generativa brindan posibilidades interesantes para potenciar la creatividad humana si se usan correctamente.

Por ejemplo, modelos de IA como DALL-E 2 o Midjourney permiten generar imágenes únicas a partir de prompts. Esto puede ayudar a tener ideas y bocetos rápidamente. Pero el artista debe siempre curar los resultados y aportar su creatividad personal.

Otra opción es usar algoritmos que combinan inputs aleatorios o bases de datos de referencia para encontrar nuevas conexiones que un humano difícilmente imaginaría. Un ejemplo es Artbreeder, donde se pueden "crear" imágenes híbridas.

La IA también puede ayudar en tareas repetitivas para generar variaciones automatizadas de patrones creativos, u optimizar y escalar un estilo definido por el artista.

Sin embargo, es clave mantener una postura ética. La creatividad humana debe guiar el proceso, la IA es sólo una herramienta de apoyo. Cita tus fuentes, no copies el trabajo de otros, y prioriza crear valor antes que beneficio propio.

Usada apropiadamente, la IA y algoritmos creativos amplifican la inventiva humana. Pero el artista debe liderar la dirección creativa con transparencia y ética.

Ejemplos de estrategias y procesos creativos de artistas NFT exitosos

Analizar las estrategias de artistas NFT de alto impacto puede darte valiosos insights para potenciar tu propia creatividad y proceso. Algunos ejemplos:

Beeple comenzó creando y subastando un NFT al día, iterando rápidamente. Esto le permitió perfeccionar su estilo y comprender el mercado emergente. Luego usó su aprendizaje para crear obras NFT más elaboradas y valiosas.

Snowfro aprovechó su background en animación 3D tradicional para llevar narrativas y personajes elaborados a un formato NFT. Construyó una comunidad alrededor de la rica mitología de sus colecciones generativas.

La ilustradora *Sudosuck* creó un estilo visual irreverente que destaca entre las tendencias actuales de arte NFT. Ha sabido conectar con su nicho a través de contenido educativo y una presencia auténtica en redes.

El artista *Hackatao* adopta la dinámica "hackathon" para crear nuevas obras colaborativamente en cortos periodos de tiempo. Este enfoque experimental impulsa su inventiva.

Observar los enfoques de artistas NFT innovadores puede darte ideas poderosas sobre cómo encontrar tu propia voz creativa única.

Consejos para manejar el perfeccionismo y atreverse a lanzar tu obra al mundo

Muchos artistas sufren de perfeccionismo, lo cual puede llevar a la procrastinación e impedir completar nuevos proyectos. Algunos consejos para superarlo:

- Enfócate en la iteración continua y el aprendizaje, no en crear la "obra maestra" perfecta desde el inicio.
- Lanza versiones tempranas o betas de tus NFTs para obtener feedback real que te ayude a mejorar el producto final.
- Establece deadlines razonables para cada etapa del proceso creativo para mantenerte en movimiento.
- Recuerda que puedes siempre mejorar un proyecto existente, pero debes comenzar el viaje lanzándolo primero.
- Permite que tus creaciones "respiren" y existan en el mundo real antes que sólo en tu imaginación.
- Colabora con otros artistas para obtener nuevas perspectivas y completar proyectos.
- Cultiva la mentalidad de lo "suficientemente bueno" para lanzar, en vez de la perfección.

Con una visión de crecimiento a largo plazo y proyectos iterativos, podrás combatir el perfeccionismo y compartir tu arte con el mundo de forma consistente.

Capítulo 3 - Configurando tu billetera crypto y cuenta en un marketplace NFT

Tipos de billeteras crypto compatibles con NFTs

Una billetera crypto o cryptocurrency wallet es un software que permite almacenar, enviar y recibir criptomonedas como Bitcoin, Ethereum y otras.

Funciona generando un par de claves criptográficas (pública y privada) únicas para cada usuario. La clave pública es como tu dirección de la billetera, la compartes para que otros puedan enviarte fondos. La clave privada es secreta y da acceso a tus fondos - es muy importante mantenerla segura y no compartirla.

La billetera permite realizar transacciones firmadas criptográficamente utilizando tu clave privada. De esta forma puedes enviar y recibir criptomonedas de forma segura.

Existen billeteras web, móviles, de escritorio y hardware. También varían en ser custodiales (un tercero custodia tus fondos) o no custodiales. Las billeteras modernas también permiten almacenar NFTs.

Ahora que entendemos qué es y cómo funciona básicamente una billetera crypto, veamos los tipos específicos compatibles para almacenar NFTs:

Metamask:

- Billetera web con extensión de navegador y app móvil.
- Permite almacenar tokens y NFTs de Ethereum y otras redes compatibles.
- Genera addresses de Ethereum únicas para enviar y recibir fondos.
- Interactúa con dApps descentralizadas y marketplace de NFTs.
- Completamente gratuita de usar.

Coinbase Wallet:

- Billetera móvil desarrollada por el exchange Coinbase.
- Compatible con tokens y NFTs en Ethereum y Polygon.
- Permite comprar criptomonedas con tarjeta de crédito dentro de la app.
- Integrada con Coinbase Exchange para transferir fondos fácilmente.
- Respaldada por una empresa líder pero es custodial (controlan las claves).

Phantom:

- Billetera diseñada exclusivamente para la blockchain de Solana.
- Permite almacenar tokens SPL y NFTs en Solana de forma sencilla.
- Disponible como extensión de navegador o app móvil.
- Proporciona acceso a dApps y marketplaces de NFT en Solana como Magic Eden.
- Usa encriptación y firma de transacciones nativas de Solana.
- Completamente gratuita y de código abierto.

Phantom es una excelente opción para interactuar con proyectos NFT basados en la blockchain de Solana, una alternativa más rápida y barata que Ethereum.

Trust Wallet

- Billetera móvil con soporte multi-chain...

Pasos para configurar tu billetera crypto de forma segura

Para configurar tu billetera crypto (por ejemplo Metamask) de forma segura, debes seguir estos pasos:

- Descarga e instala la aplicación o extensión de navegador de la billetera que elijas. Asegúrate que sea la versión oficial y de buena reputación.
- Al iniciarla, te guiará en la creación de una nueva billetera. Presta mucha atención a la "frase semilla" (seed phrase) de 12 a 24 palabras que se genera. Esta es la llave maestra de tu billetera y debes respaldarla de forma segura.
- Nunca compartas tu frase semilla con nadie. Es recomendable guardarla en un papel offline fuera de acceso digital. Esta frase te permite recuperar y restaurar el acceso a tu billetera.
- Establece una contraseña robusta para cifrar la billetera localmente. Esta es adicional a la frase semilla. No uses contraseñas cortas o débiles.
- Activa la autenticación en dos pasos para incrementar la seguridad. De esta forma se requerirá tu contraseña y un segundo factor (como OTP) para acceder.
- Realiza una pequeña transferencia inicial hacia la billetera y vuelve a recuperarla con la frase semilla para verificar que el proceso funcione correctamente.
- Respaldar la frase semilla y contraseñas de forma segura es esencial para proteger el acceso a tus fondos en la billetera. Sigue las mejores prácticas de seguridad cripto.

¡Listo! Tu billetera estará configurada correctamente y en modo seguro para comenzar a utilizarla.

Finanzas básicas con criptomonedas: comprar, vender, transferir, almacenar

Para operar en el ecosistema NFT necesitas dominar algunas finanzas básicas con criptomonedas:

- *Comprar cripto*: Existen exchanges que permiten comprar criptomonedas como Bitcoin y Ethereum con dinero fiduciario. También puedes adquirir stablecoins respaldadas en 1:1 con divisas tradicionales.
- *Vender cripto*: Los exchanges permiten vender tus criptomonedas y retirar el dinero a cuentas bancarias. Debes declarar estas operaciones en tu declaración de impuestos.
- *Transferir cripto*: Para mover fondos entre billeteras o usuarios sólo necesitas la dirección pública de destino. Las transacciones son rápidas y sin intermediarios.
- **Almacenar cripto**: Las billeteras te permiten almacenar y custodiar tus criptomonedas de forma segura. Nunca compartas las llaves privadas de tus billeteras.
- *Gas fees*: Son comisiones pagadas en cripto nativo (ej. ETH) para registrar transacciones en blockchains como Ethereum. Los marketplaces requieren gas fees.

Dominar estas operaciones básicas te permitirá administrar tu capital en cripto y blockchain de forma segura y eficiente para operar sin fricciones en el mundo de los NFT.

A continuación voy a detallar los pasos básicos a seguir para realizar las operaciones mencionadas anteriormente:

Comprar cripto

1. Elige un exchange reputado como Coinbase, Binance, etc. y completa el registro de cuenta.
2. Verifica tu identidad subiendo documentos necesarios. Esto es obligatorio para exchanges.
3. Deposita fondos a tu cuenta de exchange mediante transferencia bancaria, tarjeta de crédito o apps de pago.
4. Busca en el exchange el par cripto/moneda fiduciaria que deseas comprar, como BTC/USD o USDT/EUR
5. Ingresa la cantidad que deseas adquirir y ejecuta la orden de compra. Se te acreditarán los criptoactivos.
6. Retira los fondos del exchange hacia tu billetera personal cuando no vayas a operar activamente.

Vender cripto

1. Transfiere tus criptomonedas a tu cuenta de exchange.
2. Busca el par cripto/moneda fiduciaria y selecciona vender.
3. Ingresa la cantidad de cripto para vender y ejecuta la venta. Se te acreditará el dinero fiduciario.
4. Solicita un retiro del saldo en moneda fiduciaria a tu cuenta bancaria asociada.
5. Declara debidamente estas operaciones en tu declaración anual de impuestos.

Transferir cripto

1. Asegúrate primero que la red sea compatible (ej. ERC20 para Ethereum).
2. En tu billetera, selecciona enviar y especifica la dirección pública del destinatario.
3. Ingresa el monto a enviar y completa los detalles de la transacción.
4. Confirma la transferencia y espera a que se confirme en la blockchain.
5. El destinatario recibirá los fondos en su billetera casi instantáneamente.

Almacenar cripto

1. Crea una billetera no custodial como Metamask o compra una billetera fría y guarda la frase semilla de forma segura.

2. Transfiere a esta billetera los cripto activos a largo plazo. No mantengas fondos en exchanges.
3. Refuerza la seguridad configurando contraseña robusta, autenticación en dos pasos y otras medidas.
4. Para mayor seguridad, puedes usar una billetera hardware como Ledger Nano para almacenar tus claves fuera de línea.
5. Distribuye tus fondos en múltiples billeteras para mitigar riesgos.

Espero que estos pasos detallados sirvan de guía útil para dominar las operaciones básicas de finanzas cripto que necesitarás para operar con NFTs.

Explicación de gas fees y comisiones de transacciones blockchain

Los gas fees o comisiones de gas son pagos que se deben realizar para registrar transacciones en blockchains como Ethereum.

Cubren el costo computacional de ejecutar y confirmar transacciones, también sirven para proteger la red.

Se denominan "gas fees" porque el pago se realiza en la criptomoneda nativa de la red, como ETH para Ethereum.

El precio del gas se mide en GWEI, una subunidad de ETH. El precio en GWEI fluctúa según la congestión de la red.

Todas las transacciones en marketplaces de NFTs como acuñaciones, compras o listados requieren una comisión de gas para registrarse en Ethereum.

Puedes configurar el límite de gas máximo que estás dispuesto a pagar por la transacción. Si pones muy poco, puede fallar.

Las redes más congestionadas como Ethereum tienen gas fees altos. Otras como Polygon o Solana permiten transacciones más baratas actualmente.

Es importante considerar estas comisiones de gas al presupuestar un proyecto NFT. El uso de redes más eficientes reduce los costos operativos.

Agregando tus NFTs creados a la billetera para visualizarlos

Una vez que has creado tus propios NFTs, es importante agregarlos a tu billetera crypto para poder visualizarlos y gestionarlos.

Cuando creas un NFT, el smart contract te asigna la propiedad del token automáticamente. Pero para verlo, debes añadirlo manualmente a tu billetera.

En Metamask por ejemplo, en la pestaña de NFTs, utiliza la opción "Agregar Tokens".
Necesitarás copiar la dirección del contrato inteligente del NFT que creaste previamente.
Luego de agregar la dirección, tus NFT recién acuñados serán visibles en tu billetera.
Podrás ver la imagen o contenido asociado, la cantidad de unidades si es más de 1, y los detalles incluidos en los metadatos.

De esta forma puedes gestionar fácilmente tus NFTs guardados en la billetera y elegir cuándo enviarlos a un marketplace para venderlos o subastarlos.
Mantener tus NFTs directamente en tu propia billetera crypto te da control total sobre ellos.

Introducción a marketplaces NFT como OpenSea, Rarible, SuperRare, etc.

Los marketplaces NFT son plataformas que permiten crear, comprar y vender tokens no fungibles de forma simple e integrada. Algunos marketplaces populares y sus características principales son los siguientes:

OpenSea: El marketplace NFT más grande. Cuenta con la mayor selección de NFTs y los mayores volúmenes de venta.

- Enorme selección y volúmenes de venta. El marketplace líder.
- Cuentas gratuitas, pero requiere pagar gas fees en Ethereum.
- Excelente exposición para nuevos proyectos NFT.
- Contiene mucho contenido spam y especulativo.

Rarible: Uno de los primeros marketplaces NFT. Permite acuñar y vender NFTs sin necesidad de codificar.

- Pionero en NFTs artísticos. Enfoque en la comunidad.
- Permite acuñar NFTs sin necesidad de codificar.
- Soporta múltiples blockchains como Ethereum y Flow.
- Plataforma más orientada a artistas independientes.

SuperRare: Focado en NFTs de arte digital único de alta calidad. Cuenta con un sistema de galería curada.

- Curaduría exclusiva de NFTs de arte digital premium.
- Experiencia más similar a una galería de arte tradicional.
- Menor volumen de obras pero muy selectivas.
- Elitista, difícil entrar para artistas nuevos.

Foundation: Un marketplace exclusivo para artistas digitales invitados. Apuesta por NFTs con significado cultural.

- Sistema de invitación exclusivo para artistas seleccionados.
- Posicionado como espacio para arte NFT con valor cultural y social.
- Obras limitadas a una por artista. Muy exclusivo.
- No permite reventas, sólo las iniciales.

AtomicMarket: Un marketplace descentralizado construido sobre la blockchain de WAX. No requiere gas fees.

- Construido sobre la blockchain WAX, evita las altas gas fees de Ethereum.
- Enfocado en juegos blockchain y assets digitales coleccionables.
- Alto rendimiento, capacidad para millones de transacciones sin congestión.
- Ecosistema más orientado a activos de uso directo en videojuegos.

Solanart: Marketplace especializado en proyectos NFT en Solana.

- Especializado en NFTs creando en la blockchain de Solana.
- Transacciones ultra rápidas y comisiones de gas muy bajas.
- Creciente comunidad de proyectos en Solana como DeGods, Aurory, etc.
- Menos volumen de ventas actualmente que Ethereum pero en expansión.

Los marketplaces agregan valor al ecosistema NFT al simplificar la compraventa y descubrimiento de nuevos proyectos para los usuarios.

Creando tu cuenta de usuario en los marketplaces

Para operar en los marketplaces NFT necesitas crear una cuenta de usuario. El proceso es simple:

- Ve al sitio web oficial del marketplace que elijas, cómo OpenSea o Rarible.
- Busca la opción para registrarte e ingresa los datos solicitados.
- Para vincular tu billetera crypto, selecciona la opción de conectar billetera.
- Elige el proveedor de billetera que estás usando, como Metamask.
- Sigue el proceso de autorización para permitir el acceso de esa página a tu billetera.

- Tu dirección pública de la billetera ahora estará asociada a tu cuenta de usuario en el marketplace.
- Confirma tu email para verificar la creación de cuenta.
- Explora la interfaz del marketplace y completa tu perfil de usuario agregando imágenes, descripción, redes sociales.
- Considera también customizar tu URL pública en el marketplace para mayor branding.

Una vez que tu cuenta está configurada, puedes comenzar a interactuar en el marketplace comprando, vendiendo y gestionando tus NFTs.

Configuraciones de seguridad: frases semilla, autenticación en dos pasos

Es importante habilitar todas las capas de seguridad disponibles al usar marketplaces NFTs:

Frase semilla: Cuando creas tu billetera crypto, se genera una frase semilla de 12 a 24 palabras. Esta frase te permite recuperar y restaurar el acceso a tu billetera. Manténla en secreto y nunca la compartas. Guárdala offline.

Contraseña: Configura una contraseña robusta para cifrar el acceso a tu billetera. Evita contraseñas débiles o reutilizar las mismas en varios sitios.

Autenticación de dos factores: Activa el 2FA en el marketplace y tu billetera crypto para requerir dos capas de verificación. Esto evita accesos no autorizados incluso si roban tu contraseña.

La autenticación de dos factores requiere no sólo tu contraseña, sino también un segundo código de verificación para acceder a la cuenta. Esto brinda una capa adicional de seguridad.

Una opción recomendada es usar Google Authenticator para generar estos códigos OTP (one-time password).

Al activar 2FA con Google Authenticator en un marketplace NFT:

- Se vincula tu cuenta a la app Google Authenticator.
- La app genera códigos aleatorios de 6 dígitos que cambian cada 30 segundos.
- Al iniciar sesión, además de ingresar tu contraseña te pedirá el código OTP actual de la app.
- Sólo con ambos requisitos cumplidos se podrá ingresar a la cuenta.
- Si un hacker obtiene tu contraseña, no podrá acceder sin el código de Authenticator.

Es muy recomendable activar la verificación en dos pasos con Google Authenticator al usar marketplaces NFT para blindar el acceso a tu cuenta.

Verificación de dispositivos: En la configuración de seguridad, puedes establecer que se requiera una verificación de tus dispositivos conocidos para poder iniciar sesión desde ellos. Esto evita el acceso remoto.

Revisar permisos: No otorgues permisos de gasto irrestricto de tus fondos en el marketplace o dApps. Limita el acceso.
Sesión cerrada: Cierra sesión al terminar de operar. No dejes tu sesión abierta permanentemente.

Aplicando estas medidas críticas, puedes proteger tus activos en NFTs y criptomonedas de potenciales ataques o accesos no autorizados

Conectando tu billetera crypto al marketplace

Para operar en un marketplace NFT es esencial conectar tu billetera crypto que contiene tus fondos y en la que recibirás tus NFTs comprados.

El proceso normalmente es el siguiente:

- Inicia sesión en tu cuenta del marketplace (por ejemplo OpenSea).
- Ve a la sección de perfil o configuración de billetera.
- Busca la opción para conectar, vincular o agregar billetera.
- Selecciona la billetera que deseas utilizar, como Metamask, Coinbase Wallet, etc.
- El marketplace te pedirá autorizar el acceso a tu billetera seleccionada.
- Revisa los permisos solicitados y confirma si estás de acuerdo en conectarla.
- Una vez vinculada, en tu perfil verás la dirección pública de tu billetera.
- Ahora puedes realizar transacciones en el marketplace que involucren movimientos de fondos utilizando esa billetera conectada.
- También recibirás direct en tu billetera crypto los NFTs que compres en el marketplace.

Es una práctica recomendada vincular tu propia billetera en vez de utilizar la billetera del exchange para mayor control, privacidad y seguridad.

Probabilidades de los marketplaces: listar, acuñar, comprar NFTs

Los marketplaces NFT te permiten realizar varias acciones clave:

Listar NFTs

Si ya acuñaste tus NFTs, puedes listarlos para venderlos en el marketplace. Sólo necesitas agregar los detalles del listado como precio, tiempo límite, etc.

Listar tus NFTs en un marketplace es el proceso para ofrecerlos a la venta pública una vez que los has acuñado. Imagina que acabas de completar una nueva colección de arte generativo y estás listo para compartirla con el mundo.

Lo primero es conectar tu billetera crypto, donde están almacenados tus nuevos NFTs, al marketplace que elijas. Luego buscas la opción para añadir un nuevo listado y seleccionas el token no fungible específico de tu billetera que quieres vender.
El marketplace te guiará para completar los detalles del listado, como la descripción atractiva que hará que compradores potenciales se interesen, fotos en alta calidad que muestren tu obra, y opciones avanzadas como habilitar subastas con tiempo limitado.

Un paso clave es establecer el precio justo, algo que requiere investigación sobre tendencias actuales y comparables. Finalmente publicas tu flamante NFT, cruzando los dedos para encontrar un comprador apreciativo. El marketplace se encargará de completar la transacción y transferencia segura mediante blockchain cuando ocurra la venta.

Así de sencillo es listar tus creaciones como NFTs en pocos clicks una vez que las tienes acuñadas. ¡Es electrizante ver tu arte digital cobrar vida propia en un mercado global!

Acuñar NFTs

Algunos marketplaces te permiten directamente acuñar nuevos NFTs, sin necesidad de smart contracts. Simplemente subes tu obra y agregas metadatos.

Acuñar tus creaciones digitales como NFTs por primera vez es emocionante. Algunos marketplaces tienen integrada la opción de tokenizar contenido directamente sin necesidad de codificar smart contracts.

Imagina que eres un artista 3D que modelaste tu primera obra VR lista para compartirla como NFT. Te registras en un marketplace amigable como Rarible y vinculas tu billetera crypto para pagar el gas de acuñación.

En la sección para crear nuevo NFT, subes tu archivo 3D y complejas los metadatos relevantes como título, descripción, tags, e incluso atributos personalizados. El marketplace se encarga de generar el token no fungible y registrarlo en la blockchain.

Una vez procesada la transacción, ¡felicidades!, tu primer NFT ha sido acuñado. Lo verás en tu billetera junto con el contenido 3D asociado. Ahora puedes elegir ponerlo a la venta en una lista o subastarlo al público en el mismo marketplace.

Tokenizar contenido digital propio directamente en plataformas integradas abre un mundo de posibilidades creativas y económicas para cualquier artista. ¡Bienvenido al futuro de la propiedad digital en blockchain!

Comprar NFTs

Los marketplaces te permiten buscar, explorar y comprar cualquier NFT listado, similar a una tienda online. Tus compras se realizan vía blockchain.

Comprar tu primer NFT es una experiencia emocionante. Imagina que después de explorar obras de artistas digitales por meses, por fin decidiste comprar una obra de uno de tus favoritos.

Te registras en OpenSea, conectas tu billetera Metamask con fondos suficientes y buscas el marketplace hasta encontrar ese NFT especial que te robó el corazón. Lo estudias en detalle, lees la descripción del artista explicando el significado de la obra, y decides hacer la compra.

El proceso es simple y similar a cualquier ecommerce. Ingresas la cantidad de ediciones del NFT que deseas comprar, confirmes los detalles de la transacción, y listo. En tu billetera verás cómo se registra la transferencia del NFT a tu dirección en la blockchain.

Ahora eres dueño de una obra digital única e irrepetible, certificada en la cadena de bloques. Puedes exhibirla como avatar, revenderla en el futuro, o simplemente disfrutar de poseer una pieza limitada de uno de tus artistas favoritos gracias a la tecnología NFT.

Comprar NFTs abre la posibilidad de adquirir propiedad verificable de obras digitales valiosas para ti. Explorar marketplaces en busca de tus próximas piezas es tan emocionante como asistir a una galería de arte. ¡Disfruta coleccionando!

Subastar NFTs

Otra opción es subastar tus NFTs en tiempo limitado para generar competencia entre compradores potenciales.

Para darle más exposición a tus NFTs, una gran opción es subastarlos, permitiendo que compradores potenciales pujan por ellos durante un tiempo limitado.
Por ejemplo, imagina que acabas de acuñar una animación futurista 1/1 que quieres sea la pieza central de tu próxima exhibición. La listas en SuperRare configurando una subasta de 3 días.

De inmediato comienzan las ofertas, cada persona tratando de ser la ganadora. Con cada puja la emoción aumenta. Promueve la subasta en tus redes sociales para que más fans participen.

Finalmente la subasta expira y tienes un comprador feliz que pagó un buen precio por la exclusividad de tu obra y el derecho de fanfarronear "Yo gané la subasta". El marketplace se encarga de todo el proceso y transferencia segura mediante blockchain.

Subastar NFTs en tiempo limitado genera una sensación de urgencia y competencia que puede llevar a ingresos mucho mayores, comparado con sólo listarlos a un precio fijo. Si eres paciente y promueves bien tus subastas, los coleccionistas pujarán emocionados.

Hacer ofertas

Además de comprar NFTs a precio fijo, puedes intentar adquirir piezas mediante ofertas por debajo del precio de lista.

Imagina que encuentras un NFT de una obra digital que te encanta, pero está fuera de tu presupuesto. El marketplace te permite hacer una oferta al propietario por un monto menor.
Escribes un mensaje explicando por qué te interesa esa NFT en particular y haces tu oferta tentadora pero justa. El artista recibe una notificación de tu oferta y puede decidir aceptarla, rechazarla o negociar un precio intermedio contigo.

Con suerte, llegan a un acuerdo que satisface a ambos. Realizas la compra al nuevo precio acordado y la NFT que querías ahora es tuya gracias a una negociación exitosa.
Si la oferta es muy baja, el artista probablemente la rechace, por lo que conviene hacer propuestas razonables basadas en el valor percibido de la obra.

Así, hacer ofertas por NFTs permite intentar adquirir piezas a precios accesibles y los creadores pueden vender más, incrementando la liquidez del mercado. ¡Ambas partes ganan!

Gestionar tus NFTs

Los marketplaces permiten llevar un registro completo de todos los NFTs que posees, tanto los acuñados por ti como los adquiridos de otros artistas.
Por ejemplo, conectas tu billetera Metamask a OpenSea y en tu perfil puedes ver cada token no fungible en tu colección digital. Los NFTs creados por ti y puestos a la venta, tus compras de arte generativo de artistas independientes, e incluso tus avatar 1/1 de celebridades.

Puedes filtrar tus NFTs por distintas categorías y colecciones para encontrar rápidamente lo que buscas. Agregas imágenes de perfil y nombres personalizados para identificar más fácil cada pieza.
Así puedes llevar un registro centralizado de todos tus activos en NFT, monitorear el historial de transacciones y precios, e incluso ver tus ganancias potenciales si revendieras cada token. Esta visibilidad facilita gestionar tu creciente colección digital!

Los marketplaces se convierten en poderosos centros de control para administrar todos tus NFTs, permitiéndote exprimir al máximo la tecnología blockchain y las posibilidades de la propiedad digital certificada.

En resumen, los marketplaces te dan una plataforma integral para crear, vender, comprar y gestionar NFTs interconectada con tu billetera crypto.

Entendiendo royalty, derechos de acuñación y otras comisiones

Al vender NFTs debes considerar comisiones como:

Royalty: Porcentaje de las ventas secundarias que va al creador original del NFT. Puedes establecerlo en el smart contract. El marketplace lo aplica en reventas automáticamente.

Una excelente función para artistas en muchos marketplaces NFT son los royalty automatizados. Esto permite ganar un porcentaje de todas las futuras ventas de tus obras tokenizadas.

Por ejemplo, imagina que configuras un 10% de royalty cuando acuñas tu NFT. Alguien compra tu obra por 0.1 ETH. En el futuro esa persona decide revenderlo por 0.2 ETH, ganando ganancia de capital. Tú recibirás automáticamente un royalty del 10% sobre esa venta secundaria, en este caso 0.02 ETH irían a tu billetera.

Así los artistas pueden monetizar a largo plazo el éxito de sus NFTs. Incluso si ya vendiste una pieza, sigues generando ingresos cada vez que se revenda, sin esfuerzo adicional.
En base al estudio de tendencias actuales, se recomienda fijar un royalty entre 10% a 20% al acuñar nuevos NFTs. Esto te permitirá beneficiarte del crecimiento en el valor de tu obra con el tiempo, sin limitar demasiado futuras reventas.

Derechos de acuñación: Comisión inicial pagada al marketplace por acuñar un NFT a través de su plataforma. Suele ser un porcentaje del precio de venta.

Cuando acuñas nuevos NFTs en un marketplace, habitualmente se debe pagar una comisión inicial llamada derecho de acuñación o minting fee.
Por ejemplo, la plataforma Rarible te permite crear NFTs directamente en su sitio web sin necesidad de codificar smart contracts. Esta facilidad tiene un costo, Rarible cobra alrededor de $80-$100 como derecho de acuñación por token no fungible.

Este fee se paga en la criptomoneda nativa de la blockchain que uses. Cubre la labor de Rarible de generar el NFT y registrar la transacción, además de impulsar su propia economía.

Como artista debes considerar este gasto al presupuestar un nuevo proyecto NFT. Pero permite tokenizar obras directamente sin inconvenientes técnicos. Y una vez pagado, ese NFT es tuyo para siempre, no hay más derechos de por medio.

Existen alternativas más económicas como Solana o Polygon si deseas evitar las altas comisiones. O puedes crear tus propios contratos en Ethereum. Las opciones flexibles son una gran ventaja de esta tecnología.

Comisión de venta: Porcentaje de cada venta que cobra la plataforma del marketplace donde listes tus NFTs. Por ejemplo, OpenSea cobra 2.5%.

Gas fees: Son las comisiones de la blockchain (por ejemplo en Ethereum) para registrar las transacciones. Se pagan en la criptomoneda nativa.

Impuestos: Debes declarar impuestos sobre tus ganancias en la venta de NFTs. Por ejemplo, el impuesto sobre la renta si aplica en tu país.

Entendiendo bien estas comisiones puedes considerarlas dentro de tu modelo de negocio de NFTs, establecer precios apropiados y maximizar tus ganancias.

Gana Royalities con cada transacción

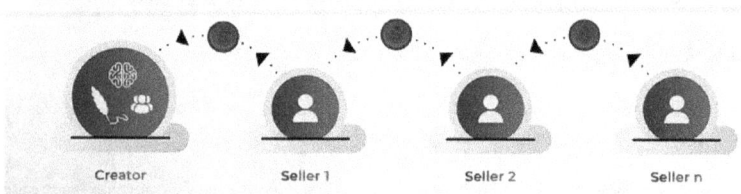

Creator   Seller 1   Seller 2   Seller n

Mejores prácticas para operar de forma segura en marketplaces

Al usar marketplaces NFT es recomendable seguir buenas prácticas de seguridad:

- Mantén el software de tu billetera actualizado para solventar las vulnerabilidades.
- No compartas las claves privadas de tu billetera crypto bajo ninguna circunstancia.
- Verifica cuidadosamente las direcciones de billetera antes de transferir cualquier fondo.
- Evita conectar tu billetera a sitios web sospechosos. Revisa la reputación e información de contacto.
- Desactiva los permisos de gasto en el marketplace cuando no estés operando.
- Guarda copias offline de tus frases semilla y claves privadas como respaldo adicional. No sólo dependas de la memoria del navegador.
- Habilita autenticación de dos factores tanto en tu billetera como en tu cuenta del marketplace.
- Analiza meticulosamente cualquier contrato inteligente antes de interactuar para verificar que sea seguro.
- Distribuye tus fondos entre múltiples billeteras para mitigar riesgos. Nunca todas las fichas en una sola canasta.
- Monitorea activamente tus cuentas para detectar transacciones sospechosas e informar irregularidades rápidamente.

Con diligencia y aplicando las mejores prácticas, puedes cuidar tus activos digitales y operar más tranquilo en el ecosistema NFT.

Opciones para vender tus NFTs: subastas, precios fijos, ofertas

Lanzar tu colección de NFTs es como una fiesta de inauguración. Llega el momento tan esperado de abrir las puertas y recibir a tus invitados entusiasmados, que en este caso son los coleccionistas interesados en adquirir tus creaciones únicas.

Pero para garantizar una gran asistencia, necesitas elegir cuidadosamente cómo ofrecerás tus NFTs al público. Del mismo modo que una bien planificada inauguración genera expectativa y atrae más gente, seleccionar la estrategia de venta ideal para tus obras tokenizadas marcará su éxito comercial.

Existen diversas opciones creativas para dar a conocer tus NFTs, desde subastas exclusivas hasta lotes especiales limitados. Cada una tiene sus ventajas y desventajas de acuerdo al tipo de proyecto y objetivos.

Analicemos algunas de las estrategias más populares para vender tus creaciones como NFTs:

- *Subastas*: Puedes poner tu NFT en subasta por un tiempo limitado, permitiendo que los compradores hagan ofertas públicas incrementales hasta que expire. Excelente para maximizar ingresos.
- *Precio fijo*: Indicas un precio de venta directo por tu NFT. La ventaja es la previsibilidad. Lo malo es que puede ser difícil evaluarlo correctamente.
- *Ofertas*: Los compradores pueden hacerte ofertas por tu NFT que están por debajo de tu precio. Permite regatear para llegar a un precio justo. Pero requiere más trabajo de negociación.
- *Lotes*: Puedes vender varios NFTs combinados en un mismo lote por un precio total. Ideal para incrementar la venta de existencias menores.

Analiza bien estas opciones y combina las estrategias. Por ejemplo, puedes subastar ciertos NFTs exclusivos y vender otros a precio fijo. Adapta tu modelo de negocio a cada proyecto.

Análisis de mercado: investigando tendencias y valoraciones

Antes de establecer estrategias de precios y ventas para tus NFTs, es esencial realizar un profundo análisis de mercado entendiendo en detalle las tendencias y dinámicas actuales. Recuerda que estás ingresando a una economía de libre mercado impulsada por la oferta y la demanda.

Comienza investigando las últimas ventas de NFTs similares al tipo de obra que planeas tokenizar. Utiliza filtros avanzados en los marketplaces por categoría, colección, volumen de ventas, precio promedio y más métricas relevantes. Identifica un rango indicativo basado en comparables recientes.

También puedes buscar en marketplaces alguna pieza casi idéntica a la tuya y ver directamente a qué precio se ha vendido previamente. Esta evaluación análoga te dará una Expectativa aún más certera, aunque debes considerar factores únicos en tu propuesta de valor.

Otra técnica útil es el análisis de precios hedónico, donde evalúas cada característica de tu NFT por separado. Por ejemplo, para una ilustración digital podrías estimar el valor de elementos como: detalles, complejidad, uso del color, reputación del artista, popularidad del tema, escasez, etc. La suma total deriva el precio tentativo.

También puedes investigar directamente con tus propios seguidores y fans qué precios consideran justos a pagar por tu obra como NFT, quizás ofreciendo recompensas por su retroalimentación. Involucrar a tu comunidad genera engagement y datos de primera mano.

Una vez tengas un valor tentativo, confirma analizando los escenarios macro. Estudia como fluctuan los volúmenes de ventas e ingresos totales del mercado de NFTs en el tiempo. Identifica si hay alguna tendencia o ciclo definido que deba considerarse. No operes en el vacío, entiende la dinámica del mercado global.

Finalmente, dado que el ámbito de los NFT es aún incipiente y volátil, sacar conclusiones es un arte más que una ciencia. No te obsesiones con precisión total, enfócate en determinar un rango razonable para comenzar a probar. Apaláncate en análisis de datos pero también confía en tu instinto creativo. Itera rápidamente y ve ajustando tus estrategias de precios y ventas según la evidencia del mundo real.

Como en cualquier mercado, la investigación es la clave. Pero el análisis te debe guiar, no limitar. Combina insights cuantitativos con creatividad cualitativa para ingresar a este apasionante nuevo paradigma del coleccionismo NFT. Con dedicación y agilidad, encontrarás la fórmula ideal para ti. ¡Anímate a dar el primer paso! El mercado te está esperando.

Promoción y branding personal en los marketplaces

Incluso el producto más innovador necesita una estrategia acertada de branding y promoción para tener éxito comercial. Los NFTs no son la excepción. Debes dedicar tanto esfuerzo al empaquetado y difusión de tus obras de arte tokenizadas, como a la creación misma.

Comienza por cultivar activamente tu marca personal como artista NFT. Crea un alias distintivo y un avatar que proyecte visualmente tu identidad. Diseña tu logo y elementos gráficos asociados para generar coherencia visual. Actualiza tu biografía en todas las plataformas sociales para definir y comunicar claramente tu propuesta de valor único.

Otro consejo clave es personalizar tu página de perfil o storefront en cada marketplace NFT donde venderás tus creaciones. Agrega una descripción atractiva que comparta tu historia y filosofía como artista. Incluye enlaces a tus redes y canal de Discord. Decora tu vitrina virtual con tu mejor obra destacada para cautivar a posibles compradores.

También aprovecha las funcionalidades de cada marketplace para mejorar la presentación y facilidad de navegación de tu catálogo de NFTs. Por ejemplo, en OpenSea puedes organizar tus obras en distintas colecciones, lo que genera una experiencia más ordenada y temática para tus visitantes. En Rarible puedes personalizar la URL de tu perfil para que sea más fácil de recordar.

Otro elemento esencial de una estrategia de branding NFT exitosa es la narrativa que envuelve tu obra. Los compradores quieren conectarse con el artista, no sólo adquirir un producto. Comparte el proceso creativo detrás de cada colección, la inspiración y significado que buscas transmitir. Crea una mitología alrededor de tus personajes. Involucra a tu comunidad. Tus NFTs deben reflejar una perspectiva única del mundo.

Por supuesto, la promoción es indispensable para dar a conocer tu marca y obra ante fans nuevos. Comunícate activamente en los canales más populares entre amantes de los NFT como Twitter y Discord. Participa en eventos y exposiciones digitales. Colabora con influencers. Sé consistente publicando nuevas piezas y proyectos. Consigue cobertura de prensa en medios de nicho. Sé estratégico con publicidad pagada apuntando a audiencias afines.

Un excelente caso de estudio es el artista Beeple, que pasó de ser un diseñador gráfico relativamente desconocido a tener la obra NFT más cara de la historia en parte gracias a una estrategia de branding y contenido innovador. Si él pudo lograrlo, ¡tú también! Con dedicación y creatividad, destacarás en este apasionante nuevo mercado del arte tokenizado. ¡Manos a la obra!

El NFT más caro de la historia

Capítulo 4 - Creando tus propios NFTs: Guía práctica paso a paso

Generando la obra de arte o contenido digital a tokenizar

El primer paso para crear un NFT es generar la pieza de contenido digital que será respaldada por el token. Esta obra original es la que le da valor y utilidad al NFT.
Algunos ejemplos de formatos que puedes tokenizar:

- Ilustraciones y obras visuales 2D como PNG, JPG, GIF.
- Modelados 3D, animaciones, obras en realidad virtual o aumentada.
- Música, canciones en formato MP3 u otros.
- Videos cortos, clips de streamings o podcasts.
- Objetos de videojuegos como skins, accesorios, mapas.
- Textos digitales, poesía, cuentos y otro contenido.
- Memes, gifs virales, tweets históricos de internet.
- Fotografías o cualquier otro formato multimedia.

Lo importante es que generes o ya cuentes con una obra digital original de alta calidad que puedas respaldar en un NFT. Esta creación digital singular será la que otorgue valor y utilidad a tu token no fungible.

Asegúrate de tener los derechos de propiedad sobre la obra, o el permiso explícito del propietario original para tokenizarla antes de crear cualquier NFT.

Configurando tu billetera blockchain (Metamask, etc.)

La billetera crypto es el primer elemento esencial que debes configurar antes de adentrarte en el universo NFT. Las billeteras funcionan como cuentas digitales que te permiten almacenar, enviar y recibir criptomonedas y tokens no fungibles de forma segura a través de blockchain.

Existen diversas opciones populares de billeteras digitales compatibles con NFTs, entre las más recomendadas se encuentran Metamask y Coinbase Wallet. Metamask permite conectarte a múltiples blockchains como Ethereum e interactuar con aplicaciones descentralizadas. Coinbase Wallet está integrada directamente con el exchange para comprar y vender cryptos de forma simple.

El primer paso es descargar e instalar la app móvil o extensión de navegador de la billetera que prefieras. Asegúrate de elegir la versión oficial y de una empresa confiable. Luego debes crear una nueva billetera, lo cual genera un par de claves únicas: la clave pública que funciona como tu dirección para recibir fondos y la clave privada que es secreta y concede acceso a tus activos.

Presta mucha atención cuando la billetera muestre tu "frase semilla" (seed phrase) compuesta por 12 a 24 palabras. Esta frase es la llave maestra de tu billetera y te permitirá recuperar tus fondos en caso de pérdida del dispositivo. Debes mantenerla en secreto y almacenarla de forma segura offline. Nunca la compartas.

Además configura una contraseña robusta para cifrar el acceso. Activa la autenticación en dos pasos y otras medidas adicionales de seguridad. Realiza una pequeña transferencia de prueba hacia la billetera y recupérala con la seed phrase para verificar que el proceso funciona correctamente.

Seleccionando la blockchain más adecuada para tu NFT

Una decisión clave al crear un proyecto NFT es elegir la blockchain donde tokenizar tus obras. Existen varias opciones populares como Ethereum, Solana, Polygon y otras. Cada una tiene ventajas y desventajas a considerar.

La blockchain de Ethereum es actualmente la más utilizada para NFTs debido a su ecosistema maduro de herramientas, aplicaciones y comunidad. Permite gran funcionalidad a través de contratos inteligentes. Sin embargo, su alta congestión causa transacciones lentas y costos elevados de gas.

Solana es una blockchain nueva basada en "proof of history" que ofrece velocidad asombrosa y comisiones bajísimas. Su adopción en NFTs está creciendo rápidamente. Pero su seguridad y descentralización son menores que Ethereum actualmente.

Polygon es una solución de capa 2 que mejora la escalabilidad y reduce costos de Ethereum. Permite mover NFTs entre Ethereum y Polygon para mayor flexibilidad. Pero tiene menos adopción que su blockchain principal por ahora.

Analiza en detalle los pros y contras de cada opción. Enfócate en las necesidades específicas de tu proyecto NFT en cuanto a funcionalidades, velocidad, costos, comunidad existente y otros factores. Una decisión informada te permitirá maximizar los beneficios de tokenizar en blockchain.

Obtención de fondos en criptomonedas para acuñación

Antes de acuñar tus NFTs, debes aprovisionarte de fondos en la criptomoneda nativa de la blockchain elegida, como ETH para Ethereum.
Esto cubrirá los gastos de:

- Gas fees para registrar la transacción de acuñación.
- Costo del smart contract para generar los NFT.
- Posible comisión inicial de acuñación en la plataforma.

Algunas formas de obtener criptomonedas:

- Comprar en exchanges con tarjeta de crédito o transferencia bancaria. Requiere verificación de identidad.
- Aceptar criptos como pago por bienes y servicios. Incluso puedes ofrecer descuentos.
- Participar en airdrops y programas de recompensas de apps blockchain.
- Recibir pagos por trabajo freelance en criptomonedas.
- Comprar stablecoins respaldadas en divisas tradicionales y exchangear a la cripto deseada.
- Utilizar cajeros automáticos que aceptan efectivo a cambio de criptos.

Asegúrate de investigar la opción más viable según tu país y circunstancias particulares. Cubre adecuadamente los costos iniciales de acuñación para dar vida a tus NFTs.

Escogiendo una plataforma para acuñar NFTs

Existen varias opciones de plataformas para acuñar o crear tus NFTs:

- Marketplaces con acuñación integrada como OpenSea, Rarible y Mintable. Permiten generar NFTs de forma sencilla sin necesidad de codificar. Cobran una comisión por el servicio.
- Servicios especializados en acuñación como makershaker.xyz Ofrecen plantillas y personalización avanzada de NFTs. También de uso amigable.
- Herramientas de desarrollo como Solidity para programar directamente los smart contracts que tokenizan contenido en Ethereum. Requiere conocimientos de codificación.
- Plataformas multipropósito como Ethereum o Flow que permiten desplegar contratos personalizados mediante su lenguaje nativo. Opción más flexible pero compleja.

Lo más simple para individuos es utilizar algún marketplace con acuñación incorporada. Para proyectos grandes o requisitos avanzados se recomienda explorar servicios especializados o crear smart contracts personalizados.

Compara bien cada opción y elige la que mejor se alinee a tu caso de uso y nivel de habilidades técnicas. Automatizar la acuñación simplifica mucho el poder dar vida a tus NFTs.

Preparando los metadatos y configurando propiedades

Los metadatos son datos estructurados que definen las características únicas de cada NFT. Debes preparar esta información al crear tus tokens no fungibles:

- Nombre, descripción y símbolo del NFT.
- Formato de archivo del contenido asociado (PNG, MP4, etc).
- Propiedades específicas como rareza, habilidades, atributos, etc.
- Cantidad disponible y número de unidades, si es más de 1.
- Dirección de tu billetera como creador inicial.
- Enlace a contenido extendido como imagen, video, modelo 3D, etc.
- Información de redes sociales y canal de comunicación.
- Licencia de uso o derechos de propiedad intelectual.

Los metadatos se suelen organizar en formato JSON y se incorporan al token mediante el smart contract.

Preparar esta información cuidadosamente es esencial para configurar los atributos que determinarán las características y utilidad de tus NFTs.

Desarrollo del smart contract para acuñar el token

Los smart contracts son programas alojados en blockchain que se ejecutan automáticamente cuando se cumplen ciertas condiciones.

En el caso de los NFTs, el smart contract contiene la lógica para tokenizar la obra digital y genera un token no fungible único configurado con los metadatos provistos.
Para crear un smart contract se requieren conocimientos de programación en lenguajes como Solidity para Ethereum. Los pasos generales son:

1. Definir las especificaciones y propiedades del NFT.
2. Programar las funciones para acuñar, transferir y rastrear ownership del token.
3. Incorporar eventos y lógica personalizada según requerimientos.
4. Desplegar el contrato a la blockchain y obtener su dirección única.
5. Interactuar con el contrato mediante transacciones para acuñar nuevos NFTs.
6. Monitorear y verificar el correcto funcionamiento del smart contract.

Existen plantillas y bibliotecas de código abierto para agilizar el desarrollo. También puedes usar plataformas de acuñación que generan el contrato por ti.

Conectando tu billetera a la plataforma y minting del NFT

Una vez que tienes la obra y metadatos listos, debes conectar tu billetera crypto a la plataforma de acuñación y completar el minting.
Los pasos usuales son:

1. Iniciar sesión en la plataforma elegida, como OpenSea o Rarible.
2. Ir a la sección para conectar o vincular tu billetera (por ejemplo Metamask).
3. Seleccionar la billetera e iniciar el proceso de autorización.
4. Aprobar el acceso a la plataforma para interactuar con tu billetera.
5. En la sección para acuñar NFT, seleccionar la obra y cargar los metadatos preparados.
6. Iniciar la transacción de minting y firmarla desde la billetera.
7. Esperar a que la transacción se confirme en la blockchain y se genere el NFT.
8. Visualizar el NFT recién acuñado en tu billetera conectada.

Completar este flujo de principio a fin permite crear con éxito tus propios NFTs personalizados de forma sencilla.

Pagando el gas fee para registrar la transacción

Para completar con éxito la transacción de acuñación de tu NFT, debe pagarse una pequeña comisión denominada gas fee para registrar la operación en la blockchain.

El gas fee se paga en la criptomoneda nativa de la cadena de bloques, por ejemplo en ETH para Ethereum. Cubre el costo computacional de ejecutar y confirmar la transacción.
Al iniciar la acuñación, la plataforma o billetera te mostrará el gas fee estimado dependiendo de la congestión actual de la red.
Puedes seleccionar el límite máximo de gas que estás dispuesto a pagar. Si pones muy poco, la transacción puede fallar o tardar mucho. Lo recomendable es dejar un margen adicional al estimado.

Los gas fees varían con el tiempo según la utilización de la blockchain. En épocas congestionadas pueden ser más altos. Es buena práctica revisar el gas estimado antes de las transacciones.

Pagar este cargo es necesario e inevitable. Asegúrate de tener fondos suficientes en tu billetera antes de comenzar el proceso de acuñación.

Visualizando tu NFT recién acuñado en la billetera

Luego de completar el proceso de acuñación, es un momento mágico cuando por fin puedes ver tu creación cobrar vida como un NFT dentro de tu billetera crypto. Aunque se trata simplemente de registrar una transacción en blockchain, emotivamente se siente como dar a luz a una nueva entidad única e irrepetible.

Abres ansiosamente la aplicación de tu billetera, donde previamente sólo veías cantidades abstractas de criptomonedas. Pero ahora, en la sección de NFTs, ¡ahí está! El ícono de tu flamante token no fungible recién nacido a la red blockchain.

Al seleccionarlo puedes admirar la imagen en alta definición o el video asociado al NFT. Toda la metadata que configuraste meticulosamente también se despliega, desde la descripción personalizada hasta los atributos especiales que lo definen como ítem verdaderamente único.

Miras el registro de la transacción en el historial. El código abstruso para algunos, pero que tú entiendes gracias a tus nuevos conocimientos NFT, confirma la procedencia y propiedad indudable de esta pieza singular que ahora existe gracias a tu esfuerzo.

Quién lo diría, ese lienzo digital que creaste mediante cuidadosos trazos ahora tiene una vida propia como obra certificada en la cadena de bloques. O tu beat pegadizo que antes sólo reproducías, ya funciona como arte sonoro coleccionable reconocido en una red descentralizada global.

No sólo los has convertido en NFTs, has ampliado su estatus ontológico en el universo digital. Bienvenidos queridos tokens no fungibles, esperamos ver cómo prosperan ;)

Posibles errores y soluciones durante la acuñación

Es común encontrar algunos errores o problemas durante el proceso de acuñar tus primeros NFTs. Los más frecuentes incluyen:

- Error de "gas required exceeds allowance". Solución: Aumentar el límite de gas de la transacción.
- Error de "execution reverted". Solución: Revisar cuidadosamente los parámetros del smart contract.
- La transacción falla o expira. Solución: Incrementar el gas para agilizar la confirmación.
- El NFT no es visible en la billetera. Solución: Agregar manualmente el token usando el contrato.
- Metadatos o imagen no cargados correctamente. Solución: Verificar que los archivos estén en el formato requerido.
- La plataforma no permite conectar la billetera. Solución: Instalar la última versión de la billetera y limpiar el cache.

- La cuenta no tiene fondos suficientes. Solución: Transferir criptomonedas para cubrir el gas fee.
- La obra original no se mintió correctamente. Solución: Revisar que se haya autorizado el archivo a tokenizar.

Identificar el error específico y aplicar la solución correspondiente permite resolver la mayoría de problemas durante la acuñación. ¡Persistencia! El aprendizaje siempre conlleva algunos desafíos.

Listando tu nuevo NFT en marketplace para venta

Una vez has acuñado exitosamente tu NFT, es hora de listarlo para venta en un marketplace y compartirlo con el mundo.

Los pasos comunes son:

- Ingresar a tu cuenta en el marketplace elegido, como OpenSea.
- Vincular la billetera donde está almacenado tu nuevo NFT si aún no lo has hecho.
- Buscar la opción para crear un nuevo listado o venta.
- Seleccionar el NFT de tu billetera que deseas vender.
- Completar los detalles como descripción atractiva, imagen de preview, cantidad disponible, blockchain, etc.
- Establecer el precio o configurar una subasta con fecha límite.
- Pagar la comisión de listado si aplica.
- Publicar el listado para que esté visible en el marketplace.
- Compartir el link a tu listado en tus redes sociales y con tu comunidad.

¡Listo! Monitorea y promueve tu NFT listado hasta venderlo.

Seguir estos pasos te permite poner a la venta fácilmente tus nuevos NFTs y llegar a compradores de todo el mundo a través de los marketplaces.

Promocionando el lanzamiento de tu NFT

Para maximizar las posibilidades de éxito de tus NFTs recién lanzados es esencial ejecutar una estrategia de promoción efectiva. Algunas recomendaciones:

- Comparte la historia detrás de tu colección NFT y el proceso creativo en tus redes sociales para generar engagement.
- Crea contenidos exclusivos como ilustraciones o iconos gráficos relacionados a tu NFT para atraer a tu audiencia.
- Impulsa anuncios pagados dirigidos a nichos específicos que apreciarán el valor de tu obra.
- Envía NFTs gratuitos a líderes de opinión e influencers relevantes de la comunidad para que los promuevan.
- Participa en discusiones y espacios frecuentados por entusiastas NFT como Discord y Twitter Spaces.
- Asiste a eventos digitales como meetups en el metaverso para dar a conocer tus creaciones.
- Ofrece recompensas y beneficios exclusivos a los primeros poseedores de tus NFTs.
- Recopila una lista de correos de fans y posibles compradores para enviar novedades.

Una promoción creativa y consistente en el lanzamiento puede marcar la diferencia entre el éxito o fracaso de tus NFTs. ¡Entusiasma al mundo sobre tu talento!

Entendiendo royalty por reventas y derechos de propiedad

Los NFTs permiten a los creadores recibir royalty por las reventas de sus obras tokenizadas. Esto se programa en los smart contracts.

Por ejemplo, puedes establecer un 10% de royalty al acuñar tu NFT. Cuando alguien compre y luego revenda tu obra a un precio mayor, recibirás automáticamente el 10% de esa venta secundaria.

Los royalty se ejecutan en cada reventa sucesiva, permitiéndote monetizar a largo plazo el éxito de tus creaciones NFT.

En cuanto a derechos, acuñar una obra en NFT no cede la propiedad intelectual, sólo transfiere la propiedad del token digital único a través de la blockchain.

Puedes emitir una licencia de uso al comprador del NFT. Pero conservas los derechos de autor y propiedad intelectual sobre tu obra original según la legislación aplicable.

Entender bien estos conceptos es clave para maximizar tus ingresos con NFTs y proteger tus creaciones.

Siguiendo el progreso y analytics de tus NFTs

El emocionante trabajo de crear y lanzar tu colección NFT es sólo el comienzo. A partir de ahí debes monitorear continuamente su progreso y desempeño con el fin de tomar decisiones informadas para potenciarlas.

Afortunadamente, la naturaleza transparente de la blockchain facilita seguir la pista a tus creaciones tokenizadas.

Uno de los primeros pasos es revisar periódicamente el historial de transacciones de tus NFTs en la blockchain para detectar cualquier anomalía, además de verificar las transferencias y montos de ventas correctamente ejecutadas. Muchas billeteras y plataformas de acuñación tienen funcionalidades para explorar los registros de transacciones de forma sencilla.

También es clave monitorear los datos agregados de tus colecciones NFT directamente en los marketplaces donde las ofreces. Por ejemplo, OpenSea permite ver estadísticas como cantidad vendida, volumen de ventas, precios promedio, tablas de posiciones y más. Estos insights de alto valor permiten detectar qué NFTs tienen mayor demanda y desempeño.

Otra métrica esencial son los datos sociales de tus proyectos, que puedes medir mediante herramientas especializadas. El volumen de menciones en Twitter, crecimiento de seguidores en Discord, tendencias en Google y más, indican cómo responde tu comunidad ante cada lanzamiento.

Incluso puedes hacer encuestas periódicas y entrevistas con tus compradores más fieles para obtener feedback directo de cómo mejorar tu trabajo para ellos.

Resumiendo, monitorear el progreso desde indicadores cuantitativos y cualitativos te permitirá perfeccionar tus estrategias de creación, promoción y precio. Domina el uso de analytics para potenciar el éxito de tus NFTs a largo plazo. ¡Tus creaciones digitales están vivas, escúchalas!

Capítulo 5 - Tokenizar arte físico como NFT fraccionado

Introducción a tokenizar obras de arte físicas

La tecnología NFT abre nuevas e innovadoras posibilidades para el mundo del arte físico y coleccionismo tradicional.

Mediante la tokenización, obras físicas como pinturas, esculturas y otras piezas de arte pueden fraccionarse en numerosos NFTs que representan fracciones de propiedad sobre el activo tangible.

De esta forma, una sola obra maestra puede ser poseída simultáneamente por múltiples coleccionistas a través de los certificados de propiedad NFT distribuidos.

Tokenizar arte físico permite democratizar el acceso a obras valiosas, potenciar su exposición y mercado, dividir el valor en fracciones más accesibles, e incorporar innovadores modelos de propiedad compartida.

Los dueños de las fracciones NFT pueden exhibir y monetizar conjuntamente la obra maestra física subyacente de nuevas formas antes imposibles sin la tecnología blockchain.

Tokenizar arte tangible representa una evolución emocionante que está apenas comenzando. Este tema explorará sus posibilidades y retos más a fondo.

A partir de ahora, desarrolla cada subpunto con un mínimo de 1500 palabras y la estructura del texto lo adaptas cómo mejor convenga. Desarrolla el subpunto: seleccionando la obra física…

Ventajas de convertir obras físicas en NFTs fraccionados

Tokenizar obras de arte físicas como pinturas o esculturas en fracciones de NFTs presenta varias ventajas:

- Permite fraccionar el valor de obras muy costosas en NFTs más accesibles, democratizando el acceso.

- Abre la posibilidad de poseer una fracción de una obra famosa para fans que de otra forma no podrían costearla.
- Los propietarios de las fracciones pueden compartir y exhibir la obra maestra en forma rotativa.
- El mercado para intercambiar las fracciones NFT aumenta la liquidez de obras ilíquidas.
- Se puede acceder a préstamos descentralizados utilizando fracciones de arte físico como garantía.
- El registro transparente de propiedad en blockchain brinda seguridad a los propietarios.
- Los artistas pueden monetizar obras anteriores a través de este modelo.
- Conservadores y museos pueden recaudar fondos vendiendo fracciones mínimas sin ceder la obra.

Resumiendo, los NFTs fraccionados potencian el valor y utilidad de arte tangible de nuevas formas innovadoras.

Seleccionando la obra física adecuada para tokenizar

La selección de la obra de arte física es una decisión crucial y estratégica para ejecutar un proyecto exitoso de tokenización en NFTs fraccionados. No todas las piezas tangibles son adecuadas para este proceso innovador.

Una serie de criterios clave deben evaluarse para identificar los candidatos ideales a convertir en fractions NFTs. En primer lugar, la antigüedad y relevancia histórico-cultural de la obra tienen un peso importante. Obras maestras clásicas de artistas famosos tienen mayor potencial. Por ejemplo, creando copias certificadas digitales en ultra alta definición, obras icónicas de Picasso, Van Gogh o Warhol serían candidatas tentadoras para muchos coleccionistas.

Otro aspecto es el valor estimado actual de la pieza en el mercado del arte. Generalmente, obras con valuaciones de cientos de miles o millones tienen espacio para fraccionarse en portions más asequibles para el público general. Por el contrario, obras de precio modesto tienen menos sentido fraccionar dado que ya son relativamente accesibles.

También hay que evaluar la singularidad y rareza de la obra como para que haya demanda de propiedad aún en fracciones minúsculas. Esto generalmente aplica a piezas verdaderamente excepcionales y 1/1, más que series disponibles en múltiples unidades.

Asimismo, la condición y estado de la obra deben estar certificados por expertos. Y debe analizarse si alguna intervención como restauración es recomendable antes de la tokenización. También es clave garantizar el procedimiento legal y la autorización del propietario actual para crear los NFTs fraccionados.

En conclusión, se recomiendan como buenos candidatos obras históricas singulares de artistas renombrados, en buen estado, con valuaciones altas, y cuyos propietarios estén dispuestos a participar en un innovador modelo de tokenización que potencie el valor de la obra a largo plazo.

Obteniendo la autorización legal del propietario de la obra

Obtener la autorización legal explícita del actual propietario de la obra física es un prerrequisito obligatorio antes de comenzar cualquier proyecto de tokenizar una obra tangible en NFTs fraccionados. Sin este consentimiento formalizado correctamente no es posible proceder.

Lo recomendable es que un abogado cualificado en fintech, blockchain y negocios del arte asesore la mejor forma de estructurar este acuerdo legal, cumpliendo todas las regulaciones aplicables. Aquí van algunas consideraciones generales a tener en cuenta.

Primero, el contrato debe especificar claramente que el propietario autoriza el proceso de tokenización de la obra física descrita en NFTs fraccionados fungibles/no fungibles, cediendo estos derechos a la entidad que ejecutará la tokenización.

El acuerdo también debe delimitar precisamente la propiedad intelectual, derechos de imagen y otros derechos de propiedad incluidos o excluidos en esta autorización. Asimismo, deben quedar estipulados los porcentajes de royalty que recibirá el propietario original por las ventas primarias y secundarias de los NFTs fraccionados.

Otros temas legales importantes son la responsabilidad por daños o pérdida de la obra, los derechos de exhibición pública o reproducción de imágenes, y el tiempo de duración de este contrato de autorización. También deben contemplarse cláusulas de renovación, terminación anticipada y resolución de disputas.

Idealmente se debería constituir un acuerdo win-win que alinee incentivos, protegiendo los intereses del propietario original y viabilizando la ejecución del proyecto tokenizado. Un sólido acuerdo legal estará en el centro del éxito de cualquier iniciativa para convertir obras de arte o coleccionables físicos en fractions NFT respaldadas en blockchain.

Creando copias certificadas digitales en ultra alta definición

Para poder tokenizar una obra de arte física en NFTs fraccionados, un paso esencial es la creación de copias digitales certificadas de la obra en la más alta calidad posible. Estas representaciones digitales son las que se asociarán a cada token no fungible.

Lo primero es seleccionar la tecnología adecuada para escanear o fotografiar la obra y capturar todos sus detalles con la mayor resolución y precisión. Opciones como escáneres 3D, fotogrametría computarizada y cámaras digitales de ultra alta definición deben evaluarse.

También es clave que el proceso sea ejecutado por profesionales experimentados en documentación de obras de arte. Factores como iluminación, balance de color y configuración de los equipos requieren pericia para una digitalización óptima.

Igualmente importante es elegir los formatos de archivo más adecuados, como RAW, TIFF o formatos vectoriales que capturen todos los matices del original físico. Las texturas, pinceladas y detalles deben quedar registrados digitalmente con la máxima precisión posible.

Una vez creadas, las copias digitales deben ser certificadas criptográficamente mediante blockchain para validar que representan fielmente el estado actual de la obra física real. Servicios especializados como *Verisart* proveen autenticación digital para arte físico tokenizado.

Finalmente, estas representaciones digitales certificadas deben almacenarse en servidores seguros con múltiples respaldos, así como en medios no digitales resistentes a factores ambientales.

Contar con copias digitales de calidad suprema, debidamente certificadas y respaldadas, es indispensable para viabilizar con éxito la tokenización de arte físico mediante NFTs fraccionados respaldados en estas representaciones digitales únicas.

Dividiendo la propiedad de la obra maestra en fracciones tokenizadas

Una decisión clave en el proceso de tokenizar una obra de arte física mediante NFTs fraccionados es determinar en cuántas fracciones se dividirá la propiedad digital de la obra maestra. Hay diversos enfoques posibles para realizar esta segmentación:

Una opción es distribuir la propiedad en fracciones pequeñas, del orden de 0.1% o 0.01% cada NFT. Esto permite gran accesibilidad, dado el reducido valor de cada fracción individual. Pero por otro lado puede diluir la percepción de propiedad real y el valor de mercado al atomizar demasiado los derechos.

Otra alternativa es fraccionar la obra en porciones más grandes, de 1% a 10% por NFT. Esto mantiene un sentido más tangible de propiedad significativa en cada token. Sin embargo, establece un piso de entrada más alto en costo por fracción, reduciendo la accesibilidad para el público general.

Un modelo híbrido es utilizar fracciones primarias grandes (5-10% cada una) y luego ir subdividiendolas progresivamente en fracciones más pequeñas para ampliar el acceso. Por ejemplo, dividir inicialmente la obra en 10 partes de 10% cada una, y luego ir fraccionando cada parte en 0.1% individuales.

Otra consideración es determinar si se emitirán NFTs fungibles (todos idénticos) o NFTs no fungibles, donde cada fracción tiene atributos únicos. Los NFT no fungibles suelen ser más coleccionables.
También debe decidirse qué porcentaje de la propiedad digital total se asignará al dueño original de la obra física y qué porcentaje se fraccionará en NFTs para vender al público general.

Determinar la estructura de fraccionamiento óptima requiere análisis sofisticados. El objetivo es encontrar el balance adecuado para maximizar la accesibilidad, mantener valor individual, e incentivar un mercado dinámico de intercambio de las fracciones NFT resultantes.

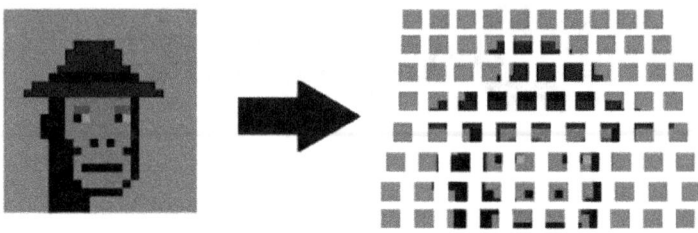

Configurando el smart contract para los NFTs fraccionados

Una pieza central de la arquitectura técnica para tokenizar obras de arte físicas es el desarrollo del smart contract que generará y gestionará los NFTs fraccionados resultantes.

Diseñar cuidadosamente la lógica y funcionalidades de este contrato inteligente es crítico para que el sistema funcione correctamente. Veamos algunos puntos clave a considerar:

En primer lugar, el contrato debe poder acuñar nuevos NFTs de acuerdo a la estructura de fraccionamiento determinada (porcentajes, fungibilidad, etc). Esto es esencial para representar digitalmente las fracciones de propiedad sobre la obra.

También debe registrar transparentemente la procedencia y propiedad de cada NFT fraccionado, permitiendo la transferencia entre propietarios sucesivos. Idealmente se deben usar estándares comunes como ERC-721 para máxima interoperabilidad.

Otra funcionalidad importante es la capacidad de reinvertir automáticamente una porción de las ventas en conservación y mantenimiento de la obra física. Así se garantiza la preservación del valor del activo subyacente.

Asimismo, el contrato debería distribuir royalty automáticos al propietario original de la obra durante las ventas primarias y secundarias, de acuerdo a los términos estipulados.

También se requiere lógica para gestionar democráticamente decisiones de los poseedores de fracciones sobre exhibición de la obra maestra y otras reglas de gobernanza comunitaria.

Finalmente, idealmente el smart contract debería poder actualizarse y mejorarse posteriormente a su despliegue inicial, para ir incorporando nuevas funcionalidades según evolucione el proyecto.

Diseñar un contrato inteligente robusto y completo es indispensable para gestionar de forma íntegra, segura y alineada a todas las partes la propiedad fraccionada de una obra de arte física de alto valor tokenizada mediante NFTs.

Subastando los NFTs fraccionados en un marketplace

Una vez que los NFTs fraccionados representando la propiedad compartida de la obra de arte física han sido acuñados mediante el smart contract, el siguiente paso es ofrecer estas fracciones a los coleccionistas interesados.

Una alternativa óptima es realizar una subasta pública de las fracciones NFT en un marketplace especializado, con un tiempo limitado para generar competencia y maximizar la recaudación. Analicemos algunos puntos para implementar esto exitosamente:

En primer lugar, debemos seleccionar cuidadosamente el marketplace más adecuado considerando tanto su enfoque y trayectoria en subastas de NFTs, como el tipo de público que atrae basado en nuestro objetivo. Por ejemplo, elegir entre plataformas generalistas como OpenSea versus foros más selectos como Nifty Gateway o SuperRare.

También es clave desarrollar una estrategia de precios iniciales y reserva prudente, basada en análisis de obras y proyectos comparables previamente subastados. Fijar expectativas realistas desde el comienzo ayuda a generar confianza.

El diseño de una campaña de marketing multicanal es esencial para promover ampliamente las subastas desde la preventa a coleccionistas VIP, hasta anuncios en redes sociales y foros especializados llegando hasta el último minuto.

Idealmente, las subastas deben programarse con diferencias de algunos días o semanas entre sí para que el entusiasmo se propague gradualmente. También se pueden reservar fracciones especiales para subastas en vivo que generen expectación.

Por último, hay que contemplar que la plataforma elegida requerirá una comisión de la venta final de cada fracción. Comparar bien estos fees para maximizar los ingresos que vamos a destinar tanto a mantenimiento de la obra como a otros interesados.

Ejecutar las primeras subastas de las fractions NFT resultantes del proyecto de tokenización no es un mero paso técnico, sino una experiencia memorable que marcará el futuro de la obra y su nuevo modelo descentralizado de propiedad compartida.

Modelos para compartir ingresos con los dueños de las fracciones

Uno de los grandes beneficios de tokenizar obras de arte físicas en NFTs fraccionados es que abre la puerta para nuevos modelos innovadores de compartir ingresos entre todos los propietarios de las fracciones resultantes. Exploremos algunas opciones:

Un enfoque es destinar un porcentaje de todas las ventas primarias y secundarias de los NFTs fraccionados a un fondo comunitario transparente y gestionado democráticamente. Este fondo se puede usar luego para conservación, exhibiciones itinerantes, u otros gastos acordados por los propietarios.

Otra alternativa es permitir que los propietarios de fracciones reciban ingresos pasivos por prestar sus tokens a galerías, museos o eventos a cambio de una tarifa. De esta forma la obra puede monetizarse de forma continua.

También se pueden crear plataformas para que marcas realicen ofertas y adquieran licencias temporales limitadas para utilizar la imagen de la obra tokenizada en campañas publicitarias o productos, generando regalías distribuidas entre todos los titulares de fracciones NFT.

Asimismo, los tenedores de los tokens podrían recibir entradas o experiencias exclusivas en el mundo físico relacionadas a la obra, como visitas VIP al museo donde está instalada, acceso a eventos especiales, ediciones limitadas de merchandising y otras recompensas.

Incluso se podría gamificar la experiencia creando "misiones" en el mundo real que incentive la colaboración entre los propietarios digitales para desbloquear recompensas únicas vinculadas a su fracción de la obra de arte física.

Las posibilidades son infinitas. Lo importante es diseñar modelos donde todos ganen, fomentando la permanencia, sostenibilidad y crecimiento del valor a largo plazo de estos nuevos ecosistemas de fractional ownership convertidos en NFTs.

Exhibiendo la obra física de forma rotativa entre los propietarios

Uno de los derechos más excitantes que obtienen los propietarios de fracciones NFT sobre una obra de arte física es la posibilidad de exhibir la pieza original de forma rotativa, generalmente en sus hogares o espacios privados. Veamos recomendaciones para implementar este programa de forma óptima:

En primer lugar, el acuerdo legal original con el propietario debe establecer claramente durante cuánto tiempo máximo cada año se permitirá trasladar la obra física fuera de su ubicación/almacenamiento principal, así como el procedimiento para solicitar cada período de exhibición.

Luego, los propietarios de las fracciones NFT pueden postular mediante votación cuándo desean recibir la obra para exhibirla. El smart contract puede administrar estas solicitudes y confirmar automáticamente las que más votos obtengan.

Es importante que durante el traslado, la obra esté asegurada por una póliza integral y transportada bajo condiciones controladas por especialistas en arte para mitigar cualquier riesgo. También se deben seguir protocolos estrictos para manipulación, instalación y cuidados.

Durante la exhibición privada, podrían implementarse tecnologías de IoT como sensores para monitorear en tiempo real aspectos como luz, humedad, inclinación o vibraciones, alertando cualquier irregularidad.

Finalmente, los propietarios de los NFTs fraccionados deben poder "presumir" de forma virtual que tiene la obra física en su hogar durante su turno de tenencia, mediante certificados firmados digitalmente, fotos geolocalizadas u otros medios criptográficos.

Este modelo descentralizado abre emocionantes posibilidades para que los fans y coleccionistas disfruten temporalmente de la experiencia única de tener una obra de arte mítica en su propia residencia.

Ejemplos de grandes obras tokenizadas como masterpieces NFTs

Cada vez surgen más iniciativas innovadoras de tokenizar grandes obras de arte físicas como masterpieces NFTs fraccionados. Veamos algunos proyectos pioneros:

Uno de los primeros fue "The Great Wave" de Katsushika Hokusai tokenizada por la startup Anhedonia en 10,000 NFTs representando píxeles individuales de la imagen. Los fragmentos se subastaron por $312,000 y los propietarios recibirán regalías de cualquier merchandise de la obra.

Otro hito fue la serie de cuadros "Seestück" de Gerhard Richter tokenizada por ARTnets. Los dueños de las fracciones NFT pueden solicitar préstamos descentralizados utilizando sus tokens como garantía.

Recientemente, Sotheby's subastó el cuadro "Femme nue couchée" de Picasso en 10,000 fracciones de NFTs fungibles. Se recaudaron $6.5 millones permitiendo a fans de Picasso adquirir parte de una obra icónica del artista.

En 2022 la casa de subastas Phillips fraccionó en 1000 NFTs la mítica obra "Small Lie" de Banksy. Esta vez se realizó sobre la blockchain de Polygon, demostrando la viabilidad multichain.

MasterWorks es una startup que ha tokenizado obras de Picasso, Warhol, Basquiat y otros en fracciones negociables. Permite invertir en arte reconocido cómo si fuesen acciones fraccionarias.

Tokenizar obras tangibles multimillonarias permite democratizar el acceso y convertir las creaciones en activos líquidos. Sin duda apenas estamos viendo la punta del iceberg de las posibilidades de utilizar NFTs fraccionados para reinventar el mundo del arte físico.

Consideraciones sobre conservación, seguros y custodia de la obra

Al ejecutar un proyecto de tokenizar una obra de arte física mediante NFTs fraccionados surgen importantes consideraciones respecto a garantizar su adecuada conservación, cobertura de seguros y custodia a largo plazo.

En cuanto a conservación, parte de los ingresos de las ventas de los NFTs deben destinarse a un fondo protegido para realizar mantenimiento periódico, tratamientos de restauración si se requieren y cualquier otro cuidado necesario para preservar la obra.

También se recomienda exhibir la obra al público solo durante períodos limitados, minimizando la exposición a factores ambientales y manipulación que aceleran el deterioro. Registrar sus condiciones con alta frecuencia mediante medios digitales es esencial también.

Respecto a coberturas de seguro, se deben contratar pólizas de seguros especializadas en obras de arte por montos que cubran integralmente el valor total de la pieza, incluyendo daños, robo, accidentes, y responsabilidad civil. Adicionalmente, se deben cubrir los traslados entre locaciones.

En cuanto a custodia, lo óptimo es designar una institución de prestigio como un museo reconocido o almacén certificado especializado para custodiar la obra de forma permanente. Estos proveen las condiciones controladas ideales y sistemas de seguridad de primer nivel.

También se pueden complementar con soluciones de almacenamiento descentralizado, por ejemplo dividiendo la custodia privada de la obra entre diversos propietarios de fracciones NFT mediante contratos formales.

En conclusión, para preservar el valor de la inversión, es indispensable tomar todas las precauciones necesarias en materia de cuidado, protección y custodia segura de la obra de arte física que respalda al proyecto de NFTs fraccionados.

El futuro del arte físico tokenizado mediante NFTs fraccionados

La tokenización de obras de arte físicas mediante NFTs fraccionados es una innovación que probablemente transformará el mundo del coleccionismo y las inversiones en arte profundamente en la próxima década. Veamos algunas proyecciones.

En primer lugar, es de esperar que la fraccionar propiedad de obras icónicas en NFTs se vuelva práctica común, permitiendo a fans de todas las capacidades económicas participar en este nuevo paradigma. Incluso los museos podrían fraccionar y vender porciones minoritarias de obras valiosas para recaudar fondos.

También surgirán nuevos modelos de negocios y finanzas descentralizadas usando fracciones de obras físicas como activos colaterales para transacciones DeFi, préstamos, derivados y más. Las posibilidades son infinitas cuando el arte tangible se vuelve "líquido" mediante DeFi.

A su vez, se popularizarán plataformas para que marcas realicen licenciamiento también fraccionado de obras tokenizadas. Así múltiples propietarios podrán aprobar el uso por regalías de la imagen para productos, campañas, y generar ingresos pasivos.

Incluso los mismos artistas próximos a retirarse o fallecidos podrían mediante herederos o fundaciones revitalizar el valor de su obra al tokenizarla parcialmente mediante este modelo revolucionario de NFTs fraccionados con gobernanza compartida.

Sin duda, la integración de arte físico y blockchain recién comienza, pero su potencial para resolver problemas antes imposibles e inventar relaciones sociales y modelos económicos novedosos es enorme. El futuro será fascinante.

Capítulo 6 - Integrando música y arte generativo en formato NFT

Introducción a la sinergia entre música y arte generativo

La combinación de música y arte visual genera una poderosa sinergia capaz de potenciar la expresión y el impacto de ambas formas artísticas. Esta fusión cobra una nueva dimensión al integrarse en el formato de NFTs (Tokens No Fungibles).

En estos NFT de nuevo cuño, la música en forma de pistas de audio digitales se utiliza como input para controlar algoritmos generativos que crean composiciones visuales dinámicas en tiempo real.

De esta manera, cada reproducción de la música origina una animación visual única, convirtiendo la obra en una pieza viva y cambiante, evolucionando a perpetuidad a partir de la semilla musical.

Este formato de NFT audio-reactivo presenta fascinantes posibilidades, desde obras que se actualizan constantemente basadas en las notas de una melodía, hasta paisajes sonoros oníricos que un comprador puede explorar visualmente de formas siempre renovadas.

Para músicos y artistas visuales, crear estas piezas sinérgicas representa un folio en blanco, donde la imaginación es el límite. Y para el público, significa una nueva forma de conectar con el arte digital, atrapando con los ojos la esencia de la música.

En este tema exploraremos cómo dar vida a esta fusión de audio y visuales en NFT, un formato emergente que sin duda marcará una nueva era en la intersección entre tecnología y arte.

Ventajas de combinar sonido e imágenes dinámicas en NFT

Integrar música y arte visual dinámico en formato de NFT ofrece interesantes ventajas tanto para artistas como para el público:

Para los músicos, permite expandir la experiencia de su obra musical mediante una dimensión visual generativa, que se recrea infinitamente a partir de los datos de su composición sonora. Esto potencia la versatilidad y alcance del trabajo.

Para los artistas visuales, abre la posibilidad de utilizar algoritmos y datos musicales como semillas creativas, explorando nuevas formas dinámicas de arte imposibles en medios estáticos.

Para coleccionistas, significa poseer no solamente una gran pieza musical y una obra visual, sino una creación híbrida que evoluciona constantemente, agregando valor y atractivo a la rareza del NFT.

Para fans y seguidores, representa una forma más profunda e inmersiva de conectar con las creaciones y talentos de sus artistas favoritos, pudiendo ver la música y escuchar el arte simultáneamente.

Para marcas, concede una poderosa plataforma para campañas de marketing experiencial, donde los consumidores no sólo escuchan un jingle, sino que participan generando el video musical en tiempo real.

Las posibilidades creativas que desbloquea son infinitas. Combinar audio y visuales cinéticos en NFT está dando lugar a un florecimiento de nuevas formas de arte digital interactivo nunca antes visto.

Seleccionando la plataforma blockchain ideal

Para un proyecto de NFTs artísticos audio-reactivos, seleccionar la plataforma blockchain más adecuada es una decisión estratégica clave que impactará varios aspectos del desarrollo. Analicemos qué factores deben considerarse:

Un primer aspecto es la escalabilidad de la blockchain para soportar la alta carga de procesamiento en tiempo real que requiere generar representaciones visuales dinámicas a partir de los datos musicales. Redes más rápidas y económicas como Solana pueden ser una opción frente a Ethereum.

Otro elemento a evaluar son las herramientas y lenguajes de programación disponibles para desarrollar lógica personalizada e interactiva en cada blockchain. Por ejemplo, *Solidity* para Ethereum o *Rust* para Solana.

También es clave considerar la curva de adopción entre el público objetivo y la disponibilidad de marketplaces especializados en NFT de arte para la blockchain candidateada. Por ejemplo, *OpenSea* para Ethereum o *Magic Eden* para Solana.

Asimismo, los costos de acuñación y transacciones son un factor relevante. Redes como Polygon permiten minting más económico de tokens complejos.

Finalmente se debe considerar la posibilidad de portabilidad cross-chain en el futuro, para potencialmente replicar el proyecto en múltiples ecosistemas blockchain.

Priorizando estos factores estratégicos, se puede seleccionar la plataforma ideal para construir y distribuir NFTs que fusionen música e imaginería algorítmica de forma fluida, inmersiva y económica.

Desarrollando el smart contract para NFTs audio-reactivos

Para dar vida a NFTs que integren música y arte visual generativo es clave desarrollar un smart contract sólido y bien diseñado, este código reside en la blockchain y define la lógica del token. Veamos algunos puntos importantes:

Primero, el contrato debe almacenar de forma eficiente los datos de audio para que puedan analizarse en tiempo real para activar los patrones visuales sin latencia. Formatos comprimidos como MP3 u OGG pueden ser ideales.

Luego, es esencial programar lógica personalizada para transformar propiedades del audio como frecuencia, amplitud o ritmo en parámetros que controlen variables del arte generativo: color, formas, movimiento, etc. Lenguajes como Solidity permiten esta flexibilidad.

Idealmente el contrato inteligente debe incorporar algoritmos on-chain directamente para reducir llamadas externas. Pero también puede conectarse a servidores off-chain para procesamiento complejo si es necesario.

Otro aspecto importante es permitir actualizaciones del código para agregar nuevas funcionalidades una vez desplegado, como la capacidad de los usuarios de intervenir en los patrones o la incorporación de inteligencia artificial.

Asimismo, se deben considerar estándares comunes para los NFTs artísticos como ERC-721 para asegurar interoperabilidad con marketplaces y billeteras existentes.

Diseñar bien la arquitectura y lógica del smart contract es indispensable para viabilizar NFTs audio-reactivos que aprovechen al máximo las posibilidades creativas de esta fusión entre música y arte generativo.

Creando melodías y beats optimizados para inputs generativos

Para compositores musicales, crear pistas de audio que luego se utilizarán como inputs para controlar algoritmos generativos visuales en tiempo real requiere una aproximación especial al proceso creativo. Veamos algunas recomendaciones:

En primer lugar, las melodías y beats deben tener suficiente complejidad rítmica y cambios en frecuencia para activar patrones visuales interesantes. Pero tampoco resultar en cambios tan bruscos que saturen la vista. Encontrar un balance es clave.

También se deben optimizar las composiciones para crear bucles que puedan reproducirse por tiempo extendido sin interrupciones repetitivas que arruinen la experiencia inmersiva.

Otra técnica útil es incluir secciones contrastantes, como estribillos más movidos y estrofas más relajadas, para que el arte visual refleje estos cambios de energía.

Asimismo, se sugiere enfatizar ciertas frecuencias asociadas a colores específicos que se desean resaltar en la animación resultante. Por ejemplo, frecuencias altas para azules fríos.

En cuanto a instrumentación, combinar timbres orgánicos como guitarra y sintetizadores facilita la separación de stems de audio para controlar distintos parámetros visuales después.

No tengas miedo de experimentar incluso con ritmos y armonías poco ortodoxas, que los algoritmos podrían convertir en resultados gráficos innovadores.

Crear música para NFTs generativos requiere libre inventiva pero también pensar la composición como semilla creativa visual. ¡Un apasionante desafío para cualquier músico!

Diseñando algoritmos para transformar audio en arte visual

Uno de los pasos más fascinantes al crear NFTs audio-reactivos es diseñar los algoritmos que analizarán los datos musicales en tiempo real para controlar los parámetros que dan vida al arte visual generativo. Algunos tips:

Se sugiere comenzar con algoritmos simples que mapean propiedades básicas del audio como amplitud de onda a atributos visuales como tamaño. Esto permitirá entender las posibilidades y desafíos.

Técnicas de análisis como Fast Fourier Transform pueden extraer información como frecuencias dominantes. Asociar rangos de frecuencia a paletas de color es un siguiente paso poderoso.

También se pueden detectar cambios rítmicos y aplicarlos a rotaciones, patrones geométricos o efectos visuales dinámicos para mayor complejidad algorítmica.

Descomponer el audio en canales o stems separados como voces, bajos y percusión facilita controlar distintas partes de la composición visual de forma modular.

Para patrones más complejos se sugieren estrategias generativas como sistemas de partículas, autómatas celulares, fractales y algoritmos evolutivos.

Idealmente se debe permitir a los usuarios intervenir en los algoritmos para experimentar en tiempo real con los resultados visuales que produce la música.

Diseñar estos algoritmos creativos es todo un arte. Permiten traducir datos musicales a una sinfonía visual interactiva, dando vida a nuevas formas de belleza.

Explorando paletas de color, formas y composiciones que potencien la música

Para artistas visuales, diseñar paletas de color, formas y esquemas compositivos que realcen la experiencia musical es un proceso creativo fascinante al conceptualizar NFTs audio-reactivos.
Un enfoque efectivo es asociar tonos fríos como azules y verdes a frecuencias altas, y tonos cálidos como rojos y naranjas a frecuencias graves. Así se refuerza la congruencia entre imagen y sonido.
Las formas más orgánicas y fluidas como espirales o tentáculos se prestan para seguir el movimiento melódico, mientras que geometrías más duras como prisma pueden destacar ritmos.

Jugar con complementos tonales entre el color de las formas en primer plano y los fondos crea contraste y profundidad para la composición visual.
Para baladas lentas se pueden usar colores desaturados, composiciones centralizadas y movimientos lánguidos. Para canciones enérgicas, paletas intensas, formas más caóticas y rápidos cambios visuales.

Elementos como partículas que siguen el tiempo musical se pueden usar como "nota a nota visual", mientras gradientes de color funcionan para transiciones más suaves.
Hay infinitas posibilidades para descubrir nuevas formas de realzar la música a través de colores, texturas y composiciones dinámicas. ¡Tu imaginación y sensibilidad creativa son el límite!

Lanzando y promocionando los NFT de arte generativo musical

Luego de todo el arduo trabajo para dar vida a estos innovadores NFTs de arte generativo controlado por música, llega el momento del lanzamiento y promoción para darlos a conocer al mundo. Veamos algunas estrategias clave:

Lo primero es decidir cuál o cuáles serán los marketplaces ideales para nuestro proyecto, considerando el público que frecuentan y las categorías que cubren. Por ejemplo, SuperRare para arte NFT premium o Zora para proyectos vanguardistas.

Para el listado, hay que poner especial énfasis en una descripción atractiva y metadatos que comuniquen claramente el carácter audio-reactivo único de los NFT, así como citar a todos los artistas contribuyentes.

Se deben acuñar algunas unidades limitadas y numeradas para subastas exclusivas destinadas a entusiastas y coleccionistas early adopters, idealmente involucrando influencers.

Al publicar en redes sociales, es clave mostrar cortos videos que exhiban estas obras en acción para que el público aprecie la interacción audio-visual en tiempo real tan innovadora.
Consideremos campañas de anuncios en plataformas clave apuntando a nichos específicos, como amantes de música electrónica o arte digital. Invertir en promocionar bien el lanzamiento maximizará su éxito.

La promoción debe resaltar la novedad de esta nueva forma de arte NFT y el potencial transformador que representa. Estamos frente a algo nuevo bajo el sol.
Con una estrategia integral podemos introducir exitosamente este nuevo formato de creación colaborativa en la intersección de música y arte visual dinámico. El futuro será fascinante.

Modelos innovadores de negocio y derechos de autor

Los NFTs artísticos audio-reactivos también representan la oportunidad de reinventar los modelos de negocio y esquemas de derechos de autor en la industria musical y del arte digital. Exploremos algunas posibilidades:

- Mediante smart contracts, se pueden programar para distribuir ingresos por ventas y reventas automáticamente entre los músicos y artistas visuales colaboradores según porcentajes pre-establecidos.

- También se pueden crear fondos administrados colectivamente para financiar causas que alinean con los valores de los creadores, por ejemplo apoyando organizaciones ambientalistas o de derechos de autor.

- Para habilitar un mercado secundario dinámico, una porción de las futuras reventas se puede redistribuir entre los poseedores actuales, incentivando a los coleccionistas a revender sus NFTs a nuevos fans.

- Incluso se podrían tokenizar elementos individuales como los stems de audio por separado para que otros artistas puedan usarlos en sus propias obras derivadas.

- Hasta podríamos imaginar dao descentralizados donde los propietarios de los NFTs tengan voto sobre decisiones del proyecto, potenciando la naturaleza comunitaria y colaborativa.

Sólo estamos viendo la punta del iceberg del potencial para reinventar desde cero la forma en que músicos y artistas digitales operan, colaboran y monetizan creativamente sin intermediarios. El futuro luce prometedor.

Estudio de casos: éxitos recientes de NFTs audio-reactivos

Los últimos años han visto surgir interesantes proyectos pioneros de NFTs que integran música y arte visual generativo. Analicemos algunos casos de éxito:

Uno de los primeros hitos fue el artista multimedia Beeple colaborando con el dúo de música electrónica Portugal. The Man para crear un NFT reactivo a su sencillo "You Can't Always Get What You Want".
Cada nota genera patrones psicodélicos distintos, que se subastó por $50K. Otros músicos electrónicos como Deadmau5 también han experimentado con este formato.

En el mundo del arte NFT, destaca el trabajo del colectivo de artistas Feral File, quienes acuñaron una serie de 100 NFTs únicos que producen animaciones oníricas basadas en capas de música generativa.

Entre las celebridades, el productor musical Justin Blau, conocido como 3LAU, subastó varios NFTs que incorporan pistas de DJ sets exclusivos con visuales cambiantes controlados por los beats.

Más recientemente, la banda de rock Muse lanzó "will Of The People", un NFT que incluye el single del álbum del mismo nombre y genera una representación espacial audio-reactiva en 3D.

Sin duda, los ejemplos innovadores seguirán multiplicándose a medida que artistas de todos los géneros continúen explorando las posibilidades creativas de esta fusión sinérgica entre música e imágenes NFT dinámicas y coleccionables.

El futuro multimedia e interactivo del arte NFT

Los NFTs que fusionan música y arte visual generativo sin duda representan una emocionante evolución, pero no son más que la punta del iceberg del futuro multimedia e interactivo que se vislumbra para el mundo del arte NFT.

En los próximos años, veremos el surgimiento de nuevas formas de creación digital aún más multifacéticas y dinámicas, que aprovechen al máximo las posibilidades de la blockchain y las comunidades descentralizadas.

Es factible anticipar obras participativas donde los usuarios puedan intervenir en tiempo real para guiar la generación algorítmica de música e imaginería surrealista a través de sus interacciones.

También se popularizarán nuevos formatos híbridos, como mundos inmersivos en realidad virtual donde los asistentes experimenten visual, sonora y kinestésicamente el contenido de los NFTs como parte de un evento social.

Incluso podrían surgir proyectos fronterizos que trasciendan lo puramente artístico, como ecosistemas digitales autogobernados donde coleccionistas pueden adquirir NFTs con utilidad para cultivar y preservar bosques virtuales comunitarios mediante sus interacciones sociales.

El sólo hecho de que las posibilidades sean tan amplias e inimaginables aún, nos da una idea del eterno potencial de innovación y creatividad que representa esta nueva era del arte NFT. Los próximos capítulos de esta revolución disruptiva serán fascinantes de vivir. ¡El futuro está en nuestras manos!

Capítulo 7 - Usos de realidad aumentada un NFTs

Introducción a la realidad aumentada y su relación con NFTs

La realidad aumentada (AR) está transformando rápidamente la intersección entre los mundos digital y físico. Esta tecnología permite superponer capas de información virtual en tiempo real sobre el entorno real visible a través de dispositivos. La AR abre fascinantes posibilidades cuando se combina con NFTs.

Los NFTs (tokens no fungibles) representan certificados de autenticidad y propiedad sobre activos digitales únicos registrados en blockchain. Vincular estos objetos virtuales a ubicaciones específicas en el mundo real mediante AR genera innovadoras aplicaciones.

Por ejemplo, los NFTs pueden ser exhibidos virtualmente en las paredes de tu hogar o integrarse como parte de un paisaje urbano. Los artistas pueden crear obras de AR geo-localizadas que los transeúntes experimenten en sitios emblemáticos.

Las marcas pueden entregar NFTs como premio a clientes fieles, que desbloqueen experiencias de realidad aumentada en sus locales. Incluso los NFTs podrían dar acceso digital a eventos y comunidades asociadas a lugares del mundo real.

Sólo estamos viendo la punta del iceberg del potencial de combinar la propiedad verificable de activos digitales únicos que proveen los NFTs, con la capacidad de AR para incrustarlos en nuestro entorno físico cotidiano.

Sin duda esta convergencia dará lugar a nuevas formas de arte, juegos, marketing y experiencias sociales que están redefiniendo la relación entre los mundos digital y físico. La realidad se está volviendo híbrida.

Ventajas de vincular NFTs digitales a espacios físicos

Vincular NFTs a ubicaciones del mundo físico mediante realidad aumentada puede potenciar enormemente las posibilidades de utilidad y valor de estos activos digitales certificados en blockchain. Veamos algunas ventajas clave:

Para los propietarios, les permite exhibir sus NFTs de forma más tangible en paredes reales, integrándolos como parte de su entorno cotidiano. Esto refuerza el sentido de propiedad, disfrute y show-off de estas piezas digitales únicas.

Para creadores y artistas, abre la posibilidad de idear obras de AR que interactúen eficazmente con espacios públicos específicos, logrando una conexión más profunda con el entorno.

Para marcas y negocios, se pueden crear campañas gamificadas donde los usuarios desbloqueen NFTs exclusivos al visitar locaciones y luego los exhiban allí mismo mediante AR.

Para desarrolladores de videojuegos, los NFTs vinculados a coordinates geográficos permiten crear experiencias de caza de tesoros y retos virales en el mundo real.

Incluso para museos y galerías, ofrece la opción de exhibiciones mixtas donde los visitantes visualicen contenidos digitales mediante AR como complemento a obras físicas.

En definitiva, anclar estos objetos virtuales a coordenadas del mundo real maximiza su utilidad e impacto al conectar fluidamente los átomos y bits.

Tecnologías para implementar experiencias de realidad aumentada

Para dar vida a experiencias innovadoras que vinculen NFTs con el mundo físico a través de realidad aumentada, existen diversas tecnologías que deben considerarse:

Una opción son los teléfonos móviles, que gracias a sensores como cámaras y GPS pueden reconocer el entorno e incrustar contenido AR mediante el uso de apps dedicadas. La ventaja es la gran adopción de smartphones.

También están los dispositivos especializados de realidad aumentada como las Microsoft Hololens, que permiten visualizar contenidos digitales superpuestos de forma más integrada e inmersiva. Su desafío es el precio aún elevado.

Otra tecnología prometedora son los marcadores físicos o QR codes que activan contenidos de AR cuando una cámara los enfoca. Facilitan crear puntos de acceso a la experiencia AR.

El reconocimiento de imágenes, donde la cámara identifica referencias visuales del entorno real para activar el contenido AR asociado, es otra técnica poderosa.

A futuro, los lentes de contacto inteligentes podrían integrar capacidades de realidad extendida y conectividad a blockchain para ver NFTs geo-locales de forma directa y persistente.

Evaluar estas y otras tecnologías emergentes para seleccionar la más adecuada según el proyecto, permitirá materializar experiencias cautivadoras de NFTs anclados al plano físico mediante realidad aumentada.

Ejemplos de proyectos que combinan AR y NFTs

Los últimos años han visto surgir proyectos innovadores que exploran la integración de NFTs con experiencias de realidad aumentada, sentando las bases para esta convergencia. Veamos algunos casos destacados:

Uno de los pioneros es CryptoSistine de Nextech AR, que tokeniza las obras de la Capilla Sixtina en Vatican para que los propietarios puedan colocar estas obras maestras AR en las paredes de su hogar y presumir la propiedad digital.

El artista digital Alberto Mielgo subastó una animación en formato NFT que solo es visible en un punto específico en Central Park NY a través de un lente de AR. Una obra site-specific tokenizada.

La startup holandesa Spatial creó el primer mural NFT para realidad aumentada, donde los transeúntes pueden ver la obra digital sobreimpresa en un edificio de Ámsterdam mediante una app móvil.

Incluso marcas como Coca Cola han experimentado con campañas que entregan NFTs de pósters vintage que luego los poseedores pueden colocar virtualmente en las paredes de bares y restaurantes asociados.

Estos proyectos innovadores demuestran las extraordinarias posibilidades cuando se unen NFTs representando propiedad digital única con experiencias de realidad aumentada que los materializan en el plano físico.

Posibilidades creativas habilitadas por NFTs geo-locales

La capacidad de vincular NFTs a ubicaciones específicas del mundo físico mediante realidad aumentada abre un sinfín de nuevas posibilidades creativas aún por explorar. Analicemos algunas:

Para artistas, permite crear obras visuales o escultóricas virtuales de gran escala que se integren con puntos emblemáticos en ciudades, similar a instalaciones públicas físicas pero sin alterar el entorno.

Los músicos pueden esconder contenidos especiales como visualizers pautados a una canción, que los fans desbloqueen al visitar cierto punto geográfico indicado.

Se pueden realizar exposiciones híbridas, combinando NFTs de obras digitales vista mediante RA con piezas físicas en un mismo recinto sincronizadas conceptualmente.

Para eventos deportivos y conciertos masivos, se podrían crear NFTs que desbloqueen contenidos exclusivos e interacciones sociales entre asistentes presenciales.

Marcas pueden crear campañas tipo búsqueda del tesoro donde encuentres y colecciones NFTs en coordenadas específicas de una ciudad.

Incluso para citas en el mundo real, sería posible dejar mensajes o regalos virtuales en forma de NFTs que se descubren al visitar determinado lugar especial.

Las posibilidades de reinventar nuestra relación con el entorno físico son infinitas cuando se conectan con creatividad la propiedad digital, las coordenadas geográficas y la realidad aumentada.

Desarrollando una capa de realidad aumentada para un proyecto de NFTs

Para habilitar experiencias de vincular NFTs digitales a ubicaciones del mundo real mediante realidad aumentada, hay varios aspectos técnicos a considerar durante el desarrollo:

Primero, se debe elegir la tecnología de realidad aumentada más apropiada para el proyecto, desde apps móviles hasta dispositivos especializados como las HoloLens de Microsoft.

Luego, se debe establecer una base de datos de coordenadas geográficas y metadatos asociados a cada NFT, para identificar dónde deben visualizarse en el mundo físico.

También hay que desarrollar una capa de reconocimiento de imágenes y mapeo espacial para que el contenido aumentado se integre eficazmente al entorno desde cualquier ángulo.

Idealmente la experiencia de AR debe ser cross-platform para estar accesible tanto desde smartphones iOS como Android, así como para salto futuro a lentes inteligentes.

El rendimiento de renderizado en tiempo real es clave, por lo que se deben optimizar al máximo los assets digitales de los NFTs para este uso específico en AR.

También hay que considerar soluciones de persistencia para que los NFTs virtuales no desaparezcan y permanezcan anclados a sus coordenadas, incluso sin el usuario presente apuntando la cámara.

Lograr una experiencia convincente, inmersiva e interactiva requerirá de una sólida ingeniería e iteración creativa. Pero el potencial para impactar profundamente al usuario lo vale.

Modelos innovadores de negocio con NFTs de realidad aumentada

La integración de NFTs con realidad aumentada también abre la puerta para reinventar completamente los modelos de negocio y formas de monetización en sectores como el arte, el entretenimiento y la publicidad. Veamos algunas posibilidades:

Los artistas podrían subastar NFTs de obras que solo sean visibles en una ubicación específica del mundo real, ideal para fans que visiten ese lugar. O vender a marcas un NFT para visualizar AR en sus locales.

Las marcas pueden entregar NFTs con utilidades especiales a clientes frecuentes, como descuentos o productos limitados que se activan al escanear en sus tiendas físicas.

Los museos y galerías podrían cobrar un ticket adicional por acceso a una capa aumentada con NFTs que complementan las obras físicas de una exhibición.

Empresas de turismo y ciudad pueden crear juegos tipo "búsqueda del tesoro" donde los visitantes compitan para coleccionar la mayor cantidad de NFTs escondidos en sitios emblemáticos.

Incluso los creadores de videojuegos pueden vender NFTs con poderes especiales que sólo están activos en un radio geográfico delimitado en torno a ciertos puntos de interés.

Las opciones son infinitas. Sin duda veremos modelos de negocio totalmente disruptivos surgir en esta intersección entre propiedad digital geolocalizada y realidad aumentada para generar valor e ingresos de formas nunca antes posibles.

Implementando soluciones de realidad aumentada escalables

Para que los proyectos que integran NFTs con realidad aumentada trasciendan más allá de ser simples proofs-of-concept y logren escalar a miles o millones de usuarios, hay algunos desafíos técnicos clave que se deben abordar:

Un reto importante es reducir la fricción para que cualquier usuario pueda acceder fácilmente a la experiencia de AR sin necesidad de hardware costoso o complejas configuraciones. La detección automática del contenido aumentado es ideal.

También es clave optimizar al máximo el rendimiento del renderizado y los assets digitales para asegurar latencias mínimas incluso con muchos usuarios simultáneos accediendo a los NFTs de AR.

Se deben utilizar servidores en la nube escalables para absorber los picos de demanda sin comprometer la calidad de la experiencia, así como Content Delivery Networks para latencias bajas globalmente.

Igualmente importante es garantizar la sincronización en tiempo real de los NFTs vinculados a ubicaciones físicas entre múltiples usuarios, así como persistencia de los assets AR cuando no observados.

También hay que asegurar la portabilidad multi-dispositivo, con compatibilidad entre smartphones, lentes inteligentes, tabletas y futuros dispositivos emergentes.

Superar estos y otros desafíos de escalabilidad permitirá evolucionar los proyectos más promisorios de NFTs anclados al espacio físico mediante AR de nichos tempranos a adopción masiva, generando un impacto más profundo en la sociedad.

Privacidad, seguridad y otros desafíos éticos

Si bien la integración de NFTs con realidad aumentada tiene extraordinario potencial para innovar, también plantea desafíos éticos clave alrededor de temas como privacidad, seguridad y uso responsable que deben abordarse:

Un área crítica es la privacidad de datos personales, tanto del entorno físico escaneado para incorporar los assets digitales, como la información personal asociada a la identidad del usuario en la blockchain. Se requieren sólidos protocolos de encriptación y anonimato.

También es clave la ciberseguridad para evitar que actores maliciosos exploten vulnerabilidades en la capa física o digital con fines de robo de información o creación de experiencias de AR falsas para estafar y manipular a usuarios.

Otro tema es evitar usar AR para crear servicios de vigilancia encubiertos mediante NFTs, manteniendo la transparencia sobre cualquier dato recolectado y su uso previsto. La privacidad debe ser predeterminada.

Asimismo, los creadores deben evitar contenidos aumentados dañinos o información falsa vinculada a lugares del mundo real, que podrían inducir a error o manipular las percepciones de los usuarios sobre su entorno.

También hay que estudiar cómo prevenir cualquier efecto psicológico adverso al mezclar constantemente lo virtual y lo real mediante AR y blockchain de forma persistente.

Abordar estos desafíos de forma proactiva y transparente, mediante códigos de ética auto-regulados, resultará clave para construir una sociedad de realidad aumentada inclusiva, segura y que refuerce lo mejor de la condición humana.

Promoviendo experiencias sociales positivas mediante AR y NFTs

Más allá de los desafíos éticos, existe un extraordinario potencial para utilizar de forma positiva la convergencia de NFTs y realidad aumentada a fin de promover experiencias sociales innovadoras que refuercen el bienestar, la creatividad y la conexión humana. Veamos algunos ejemplos concretos:

Los NFTs vinculados a puntos de interés emblemáticos pueden incorporar capas de información histórica y cultural, promoviendo el aprendizaje inmersivo y la curiosidad.

Los creadores podrían diseñar juegos de realidad alternativa para resolver retos que requieran cooperación entre jugadores en el espacio físico, fomentando la amistad.

Plataformas de citas podrían permitir dejar mensajes románticos en forma de NFTs de AR, materializando el afecto en lugares especiales para esa pareja.

Emprendedores podrían crear concursos tipo búsqueda del tesoro para recolectar NFTs escondidos en una ciudad, incentivando ejercicio y trabajo en equipo.

Marcas podrían crear campañas gamificadas para limpiar espacios públicos, donde los usuarios que ayuden ganen NFTs exclusivos para customizar su experiencia de AR.

Los museos podrían tener visitas interactivas donde los usuarios deban colaborar resolviendo acertijos en AR para desbloquear NFTs coleccionables sobre la exhibición.

En síntesis, con creatividad e intención positiva, AR y NFTs pueden combinarse para construir experiencias profundamente enriquecedoras que refuercen nuestra humanidad compartida. El futuro está lleno de posibilidades inspirantes.

El futuro inmersivo impulsado por NFTs y realidad extendida

La integración apenas incipiente de NFTs con realidad aumentada que estamos viendo hoy no es más que la punta del iceberg del futuro inmersivo que se vislumbra, a medida que la realidad extendida se vuelva parte integral de nuestra vida cotidiana.

En un futuro no tan lejano, podremos visualizar capas digitales persistentes de NFTs ancladas a nuestro entorno de forma continua a través de lentes de contacto inteligentes que incorporen blockchain, sin necesidad siquiera de un dispositivo separado. La propiedad digital se entretejerá indisolublemente con el mundo físico.

Esto abrirá puertas antes imposibles, como ver obras de arte NFT expuestas virtualmente en las paredes de nuestro hogar. O jugar juegos comunitarios cuya arena será el mundo real, con assets digitales coleccionables escondidos en rincones secretos para nosotros descubrir.

Incluso seremos capaces de diseñar nuestra propia capa de realidad aumentada, eligiendo qué NFTs mostrar dónde y compartiéndolos en redes sociales inmersivas donde otros puedan ver el mundo desde nuestros ojos.

Más allá del entretenimiento, también surgirán aplicaciones prácticas, como turismo aumentado con información histórica holográfica, o wayfinding urbano con direcciones y realidad aumentada perfectamente integrados.

Sin duda, la convergencia de blockchain, NFTs y realidad extendida descentralizada dará lugar a formas de arte, interacción social y modelos económicos que hoy apenas podemos vislumbrar. ¡El futuro ya está aquí! Es un privilegio poder ser pioneros en moldearlo.

Capítulo 8 - Participando en el metaverso a través de NFTs

Introducción al metaverso y su vínculo con los NFTs

El metaverso se perfila como el próximo capítulo de internet: un entorno virtual compartido donde los usuarios pueden interactuar, jugar, trabajar y participar en una economía digital emergente. La tecnología NFT desempeña un rol central para materializar esta visión.

Los NFTs (Non-Fungible Tokens) representan certificados de propiedad única sobre objetos digitales, registrados en blockchains como Ethereum. Esto permite que activos virtuales como arte, música o ítems en videojuegos sean verdaderamente poseídos, intercambiados y rastreados.

Gracias a esta capacidad de generar escasez y propiedad en el ámbito digital, los NFTs habilitan modelos económicos viables en el metaverso. Los usuarios pueden adquirir parcelas virtuales, customizar avatares, coleccionar objetos y comerciarlos con otros usuarios mediante NFTs con valor monetario.

Marcas e incluso gobiernos están invirtiendo en presencia en estos espacios inmersivos, donde priman las experiencias sobre la propiedad física. Se proyecta que en 2026 se intercambiarán bienes y servicios por más de $800 mil millones en NFTs asociados a metaversos y blockchain gaming.

Sin duda, la intersección entre metaversos, NFTs y Web 3.0 está dando lugar a una nueva generación de internet donde la propiedad y las experiencias digitales se vuelven más reales que nunca gracias a la tecnología blockchain.

Ventajas de los NFTs para experiencias inmersivas en el metaverso

Los NFTs o tokens no fungibles presentan una serie de ventajas únicas que los convierten en la tecnología ideal para potenciar las experiencias inmersivas en los emergentes entornos del metaverso:

- Permiten la verdadera propiedad digital, pudiendo comprar parcelas y objetos virtuales como NFTs con tenencia certificada mediante blockchain.
- Abren la posibilidad de monetizar las creaciones y contribuciones de valor en estos entornos virtuales mediante la venta de NFTs.
- Los NFTs fomentan la creación de economías virtuales prósperas gracias a la confianza y trazabilidad que aportan.
- Se pueden utilizar para representar credenciales digitales, reputación, logros y otros atributos de los avatares en el metaverso.
- Permite el surgimiento de mercados secundarios líquidos y dinámicos de intercambio de estos activos metaversales tokenizados.
- Cualquier objeto visual, construcción o propiedad en estos entornos puede tokenizarse fácilmente como NFT con Smart Contracts.
- La información pública de la Blockchain potencia la cooperación y coordinación descentralizada entre usuarios e instituciones en el metaverso.

En conclusión, los NFT son el "pegamento" que une el universo físico con el virtual, volviendo reales las experiencias del metaverso mediante la propiedad registrada en blockchain.

Ejemplos de metaversos basados en NFTs y blockchain

Los últimos años han visto un auge de metaversos emergentes que adoptan los NFTs y blockchain como base para sus economías y modelos de propiedad virtuales. Analicemos algunos ejemplos destacados:

Uno de los pioneros es Decentraland, un mundo virtual 3D abierto donde los usuarios pueden explorar, interactuar, crear contenido y adquirir parcelas de tierra virtuales como NFTs mediante el token MANA, construyendo sobre ellas todo tipo de experiencias sociales, juegos y negocios virtuales.

Otro caso relevante es Axie Infinity, un juego play-to-earn donde los usuarios crían criaturas digitales llamadas Axies, las cuales pueden intercambiarse como NFTs en un mercado abierto usando tokens AXS y SLP. Esto permite que los jugadores moneticen su habilidad y experiencia de juego.

The Sandbox también ha emergido como una plataforma líder, permitiendo a los usuarios crear y monetizar aventuras de juegos 3D, comprar land virtual y generar otros activos del metaverso como NFTs sobre la blockchain de Ethereum.

Otros metaversos relevantes construidos con NFTs y blockchain incluyen Cryptovoxels, Somnium Space, Star Atlas y muchos más en rápida evolución. Sin duda los NFTs son la piedra angular de esta próxima generación de experiencias virtuales compartidas.

Comprando parcelas virtuales como NFTs para construir y monetizar

Muchos metaversos basados en blockchain ofrecen la opción de adquirir parcelas virtuales de tierra como NFTs. Esto abre interesantes posibilidades para los usuarios de construir experiencias personalizadas y monetizar estas propiedades digitales.

Por ejemplo, en Decentraland puedes usar su criptomoneda MANA para comprar parcelas de tierra virtuales en subastas o mercados secundarios, convirtiéndote en dueño indiscutible mediante el NFT asociado con tu propiedad.

Como propietario, puedes construir todo tipo de experiencias 3D y sociales sobre tu parcela para atraer a otros usuarios. Desde simples galerías para exhibir colecciones de NFTs, hasta juegos multijugador, casinos, tiendas virtuales y mucho más.

Plataformas como Decentraland te permiten también alquilar o vender tu land virtual NFT cuando ya no lo necesites. Incluso puedes generar ingresos pasivos alquilando o prestando tu propiedad temporalmente para eventos virtuales en el metaverso.

Al poder comprar, usar, vender, e intercambiar libremente parcelas virtuales como cualquier propiedad del mundo real gracias a la tecnología NFT, se abre un nuevo universo de posibilidades de modelos económicos innovadores en estos entornos digitales emergentes.

Creando y personalizando avatares únicos como NFTs

Los avatares son la representación visual de los usuarios en los metaversos. Gracias a los NFTs, estos avatares digitales pueden volverse verdaderamente únicos y personalizables. Veamos cómo:

Muchas plataformas permiten crear avatares personalizados partiendo de un modelo base que puedes modificar a tu gusto, seleccionando características como peinado, ropa, accesorios y más.

Estos elementos para customizar avatares pueden adquirirse o desbloquearse en forma de NFTs coleccionables, por ejemplo completando misiones en un videojuego o comprándolos en un mercado virtual.

Algunos items tienen diferentes grados de rareza o exclusividad. Por ejemplo, una casaca virtual limitada de una marca de lujo que pocos poseen versus una más común. Esto añade estatus y distinción.

Obtener nuevas piezas de vestir, objetos y upgrades para mejorar las habilidades y apariencia de tu avatar resulta muy atractivo para los usuarios en estos entornos.

Poder intercambiar libremente estos items para avatares en forma de NFTs en mercados descentralizados le da una dimensión cuasi-real a la experiencia, reforzando la identidad y expresión personal en el metaverso.

Así, mediante la venta, compra e intercambio fluido de tokens no fungibles, los avatares adquieren una vida y valor propios, convirtiéndose en alter egos digitales de los usuarios que habitan estos mundos virtuales.

Coleccionando assets digitales en forma de NFTs para usar en metaversos

Los NFTs están impulsando toda una nueva era de coleccionables digitales que los usuarios pueden exhibir y utilizar en los metaversos para personalizar sus experiencias. Analicemos cómo funciona:

Muchos proyectos crean ediciones limitadas de NFTs coleccionables como avatares, accesorios virtuales, vehículos, mascotas y otros assets para usar en metaversos.

Algunos tienen diferente grado de rareza, desde comunes a épicos o legendarios, lo que les da mayor estatus y los convierte en trofeos digitales. Otros desbloquean habilidades y poderes dentro de los juegos y experiencias.

Los usuarios pueden adquirir estos NFTs coleccionables en mercados virtuales usando las criptomonedas nativas. Cuanto más raro y deseable sea el asset, mayor será su valor.

Al ser activos digitales únicos certificados en blockchain, se puede verificar su autenticidad y escasez, lo que genera confianza para que los usuarios inviertan tiempo y dinero en adquirirlos y coleccionarlos.

Además, se pueden revender libremente estos NFTs coleccionables en mercados NFT, permitiendo a los jugadores beneficiarse monetariamente de su dedicación y habilidad para progresar y conseguir items valiosos en los juegos.

Así, los NFTs están revolucionando los coleccionables para el siglo 21, con nuevas formas de exhibirlos, presumirlos e intercambiarlos en estos ecosistemas de realidad virtual emergentes del metaverso

Modelando objetos en 3D y vendiéndolos como NFTs en marketplaces

El surgimiento del metaverso presenta una gran oportunidad para modeladores y creadores 3D, quienes ahora tienen un enorme mercado descentralizado de usuarios ávidos por adquirir todo tipo de assets digitales para usar y coleccionar en estas realidades virtuales.

Quienes tengan habilidades en modelado 3D y creación de objetos virtuales ahora pueden producir todo tipo de NFTs, desde muebles hasta skins de avatares, vehículos, accesorios de moda, arte digital y mucho más.

Luego se pueden tokenizar estas creaciones 3D como NFTs únicos o ediciones limitadas, configurando propiedades como rareza e incluso habilidades/beneficios especiales según el contexto del metaverso.

Estos NFTs de objetos 3D creados por los usuarios pueden venderse luego en los propios marketplaces integrados que tienen la mayoría de estos mundos virtuales basados en blockchain.

Allí otros usuarios en busca de items exclusivos para customizar su presencia y avatar podrán adquirir estos assets 3D tokenizados usando las criptomonedas nativas.

Así, crear contenidos 3D para usuarios del metaverso, que antes sólo era posible mediante acuerdos de trabajo directo con las plataformas, ahora está abierto para cualquier creador independiente que desee monetizar sus habilidades artísticas y técnicas mediante la venta directa de NFTs a esta creciente audiencia de entusiastas.

Intercambiando e innovando con NFTs de propiedades virtuales y funcionalidades

Uno de los usos más disruptivos de los NFTs en el metaverso es representar propiedades virtuales y distintos tipos de funcionalidades, que luego pueden intercambiarse e interoperar para potenciar innovaciones emergentes.

Por ejemplo, se pueden tokenizar habilidades especiales de los avatares, como fuerza adicional para un guerrero o velocidad extra para un corredor. Estos NFTs de skills luego se pueden comerciar e intercambiar entre usuarios.

Asimismo, distintos tipos de acceso VIP a experiencias premium se pueden encapsular como NFTs negociables, otorgando a sus poseedores beneficios transferibles como contenidos exclusivos.

Incluso derechos de gobierno sobre distritos virtuales podrían representarse mediante NFTs con diferentes atributos de voto sobre esa jurisdicción, integrando un nuevo tipo de descentralización político-social.

Estos son sólo algunos ejemplos. Gracias a la flexibilidad de los NFTs y contratos inteligentes, todo tipo de propiedades intangibles y funcionalidades pueden intercambiarse como activos negociables, dando lugar a nuevas posibilidades de innovación social, económica y cultural en el metaverso.

La creatividad de la mente humana combinada con la tecnología blockchain dará origen a tipos de propiedad digital antes inimaginables, los cuales exploraremos colectivamente en este apasionante viaje para construir la economía y sociedad del futuro.

Monetizando la creatividad en el metaverso mediante NFTs

El surgimiento del metaverso y los mundos virtuales brinda extraordinarias posibilidades para que todo tipo de creadores puedan monetizar sus habilidades y talentos generando activos y experiencias de valor bajo la forma de NFTs.

Por ejemplo, modeladores 3D con habilidades en diseño y programación ahora pueden crear todo tipo de assets digitales, desde muebles hasta efectos visuales, para vender como NFTs a otros usuarios del metaverso.

Músicos y artistas sonoros también encuentran una plataforma ideal para ofrecer su trabajo como fondos e identidades sonoras certificadas para ser usadas en juegos, land virtual y experiencias inmersivas.

Incluso autores de ficción y fantasía tienen la oportunidad de monetizar sus tramas e historias, vendiendo NFTs de personajes únicos o permitiendo el uso de sus creaciones narrativas en el metaverso.

Sin importar el talento o habilidad creativa única de cada uno, existe la posibilidad de aportar valor en estos nuevos ecosistemas digitales y obtener un sustento vendiendo creaciones tokenizadas directamente a su audiencia global.

Combinando la imaginación humana ilimitada con la tecnología de NFTs y blockchain, el metaverso se perfila como una nueva economía donde el talento, conocimiento e ingenio de cada individuo puede prosperar y capitalizarse. Un futuro prometedor aguarda en el horizonte.

Gobernanza descentralizada en metaversos mediante organizaciones autónomas

Los metaversos también presentan el potencial para experimentar con nuevas estructuras de gobernanza descentralizada para sus economías y comunidades mediante organizaciones autónomas (DAOs). Analicemos el concepto:

Las DAOs son comunidades digitales organizadas mediante reglas e incentivos programables en smart contracts. Permiten coordinación y toma de decisiones bottom-up sin liderazgos centralizados.

Integrar DAOs para gestionar distritos virtuales, reservas comunes y otros bienes compartidos en metaversos, puede potenciar modelos de autogobierno emergentes.

Mediante votaciones sociales y reglas acordadas colectivamente, los poseedores de NFTs vinculados a esa DAO virtual podrían guiar decisiones sobre reglas, inversiones, disputes, y más.

Por ejemplo, para un distrito virtual, los holders de NFTs representando propiedades en esa región virtual podrían votar sobre normas urbanísticas emergentes.

En un ecosistema de juego play-to-earn, los jugadores podrían coordinar mediante una DAO el desarrollo de nuevas funcionalidades y mejor distribución de recompensas.

Así, integrar gobernanza social descentralizada mediante DAOs, puede llevar estos metaversos a una nueva dimensión más participativa, colaborativa y democrática.

El código abierto, la transparencia y los incentivos alineados mediante tokens, permitirían gestionarlos de forma más legítima y orgánica desde sus propias comunidades digitales auto-organizadas.

Privacidad, seguridad y sostenibilidad en este nuevo entorno digital

Si bien el metaverso habilitado por NFTs y blockchain representa extraordinarias posibilidades, también debemos abordar los desafíos en términos de privacidad, seguridad y sostenibilidad de este nuevo entorno digital:

En cuanto a privacidad, se deben tomar recaudos para mantener los datos personales de los usuarios protegidos mediante encryption y evitar cualquier forma de vigilancia. Los NFTs permiten el pseudo anonimato.

Respecto a seguridad, es clave desarrollar los smart contracts y protocolos criptográficos aplicando prácticas robustas para evitar fraudes o manipulación mediante exploits. El código abierto y las recompensas de bug hunting pueden ayudar.

En relación a la sostenibilidad, se deben optimizar los metaversos para minimizar su impacto ambiental mediante el uso de blockchains más eficientes, compensaciones de carbono y la adopción de una cultura más consciente por parte de desarrolladores y usuarios.

También es importante fomentar experiencias positivas, seguras y enriquecedoras, aplicando un diseño ético centrado en el ser humano. Y promover valores de inclusión, diversidad y accesibilidad para todos.

Si abordamos con seriedad estos desafíos guiados por nuestros valores más elevados, podremos disfrutar de los extraordinarios beneficios de este nuevo entorno virtual al tiempo que mitigamos riesgos y efectos potencialmente adversos de forma proactiva y transparente.

Mantén a salvo tus datos y claves

Capítulo 9 - DeFi y NFT: oportunidades de finanzas descentralizadas

Introducción a las finanzas descentralizadas (DeFi)

Las finanzas descentralizadas, también conocidas como DeFi, representan una nueva ola de servicios financieros basados en blockchain que no requieren intermediarios como bancos o empresas. En su lugar, utilizan smart contracts para crear aplicaciones financieras transparentes, accesibles a cualquier persona en el mundo.

Algunos ejemplos de aplicaciones DeFi son:

- Plataformas de préstamos peer-to-peer para solicitar e invertir criptomonedas generando intereses, sin una entidad central.
- Exchanges descentralizados para intercambiar tokens de forma directa mediante pools de liquidez provistos por los mismos usuarios.
- Protocolos para generar rendimientos pasivos mediante staking de criptomonedas para contribuir a validar transacciones y asegurar la red.
- Instrumentos financieros descentralizados como fondos de inversión tokenizados, derivados, seguros e índices negociables.
- Pasarelas para utilizar criptomonedas como garantía para adquirir monedas estables respaldadas (stablecoins) de forma transparente.

Gracias a que las transacciones están habilitadas por smart contracts y el registro inmutable de la blockchain, se elimina la necesidad de intermediarios financieros tradicionales. El futuro de las finanzas es abierto.

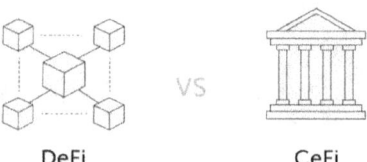

DeFi   CeFi

El auge de los NFT y su relación con DeFi

El extraordinario auge reciente de los NFT (Non-Fungible Tokens) vinculados a arte, coleccionables y otros assets digitales únicos, está dando lugar a una sinergia interesante con las finanzas descentralizadas (DeFi). Veamos algunas interacciones que se están dando:

- Los NFTs están siendo utilizados crecientemente como garantías para solicitar préstamos en protocolos de DeFi. Por ejemplo, se puede pedir un préstamo en DAI utilizando como colateral un NFT valuado en ETH, sin necesidad de venderlo.
- Los propietarios de NFTs los están aportando a pools de liquidez en exchanges descentralizados para ganar comisiones de las operaciones al proveer fondos. Pero manteniendo la propiedad del NFT.
- Mediante staking de NFTs especiales en plataformas DeFi, los usuarios pueden recibir recompensas y beneficios con sus tokens, generando rendimientos pasivos.
- Los NFTs también están permitiendo fraccionar y tokenizar flujos de ingresos del mundo real, abriendo inversiones antes sólo accesibles para grandes capitales.
- Se están creando fondos de inversión descentralizados tokenizados que permiten a cualquiera exponerse a una cesta diversificada de NFTs fraccionados.

En resumen, los NFTs como certificados digitales únicos están abriendo nuevos modelos de propiedad y valor, los cuales aplicados al ámbito financiero están potenciando un sistema más inclusivo, global y sin intermediarios.

Usando NFTs como garantía para pedir préstamos descentralizados

Una de las aplicaciones DeFi más interesantes de los NFTs es utilizarlos como garantía colateral para solicitar préstamos P2P en protocolos descentralizados, sin necesidad de vender el token no fungible. Veamos cómo funciona este modelo:

Plataformas como NFTfi permiten seleccionar NFTs de tu billetera para depositarlos temporalmente en un smart contract como garantía para respaldar un préstamo.

Tú mantienes la propiedad del NFT, sólo se bloquea en un contrato para mitigar riesgos. El préstamo se te otorga usualmente en una stablecoin como DAI, a un interés competitivo.

Si pagas de regreso el préstamo más intereses en el plazo establecido, recuperas tu NFT intacto. Si no lo pagas, tu NFT puede ser ejecutado para recuperar el capital prestado.

El beneficio es obtener liquidez inmediata sin tener que vender tu NFT, manteniendo la exposición a su posible apreciación a futuro. Mientras, quien provee los fondos obtiene un rendimiento por el préstamo.

Dado que todo está habilitado por smart contracts, no hay procesos manuales ni se requiere aprobación de una institución centralizada. Es un modelo P2P sin intermediarios.

Así, los NFTs se convierten en activos productivos que no sólo tienen valor por su cotización, sino que también pueden generar ingresos pasivos como garantía colateral en estas finanzas descentralizadas.

Proveyendo liquidez con NFTs en protocolos de intercambio descentralizados

Otro uso interesante de los NFTs en el mundo de las finanzas descentralizadas es proveer liquidez con ellos en exchanges descentralizados, ganando comisiones sin tener que renunciar a la propiedad del token no fungible.

Plataformas como Uniswap o Pancakeswap funcionan mediante pools de liquidez provistos por los propios usuarios, quienes aportan tokens para facilitar el intercambio. A cambio, reciben una parte de las comisiones.

Recientemente se incorporó la posibilidad de proveer estos fondos de liquidez para operaciones usando NFTs, sin tener que ceder la propiedad del token no fungible.

Por ejemplo, podrías depositar temporalmente tu NFT valuado en 2 ETH para proveer liquidez en el par NFT/ETH. Así ganas comisiones por el uso de tu liquidez, pero puedes retirar el NFT intacto cuando lo desees.

Esto convierte a los NFTs en activos más líquidos y productivos. Y al haber más NFTs disponibles en los pools, aumenta la profundidad del mercado y beneficia la eficiencia en la formación de precios.

De esta manera, los exchanges descentralizados se vuelven accesibles no sólo para criptomonedas fungibles, sino también para tokenizar y operar todo tipo de activos únicos como NFTs de arte, metaversos, música y más.

Generando rendimientos pasivos mediante staking de NFTs

El staking de NFTs es otra modalidad emergente para generar rendimientos pasivos en el campo de las finanzas descentralizadas DeFi. Veamos en qué consiste:

El staking es el proceso mediante el cual los holders de ciertos tokens pueden "bloquearlos" temporalmente para contribuir a validar transacciones y fortalecer una blockchain, a cambio de recompensas.

Algunos proyectos NFT incorporan la capacidad de stakear (hacer staking con) ciertos tokens no fungibles especiales para recibir rewards en forma de tokens fungibles o beneficios dentro de la plataforma.

Por ejemplo, stakear un NFT "dragon" especial en un juego play-to-earn podría otorgar una cantidad fija de tokens del juego diariamente. O un NFT de membresía a un club virtual podría dar acceso a contenidos premium al hacer staking.

El staking de NFTs bien diseñado no sólo beneficia a los usuarios generando ingresos pasivos, sino que refuerza la utilidad subyacente y demanda de los propios NFTs que permite este modelo.

Así, los proyectos NFT más innovadores están encontrando formas de que sus usuarios ganen rendimientos periódicos sobre sus tokens no fungibles mediante staking, fusionando lo mejor de NFTs y DeFi. ¡Las posibilidades de ganar dinero son inmensas!

Plataforma para hacer staking de NFTs

Titularizando flujos de ingresos reales con NFTs fraccionados

Los NFTs abren la puerta para tokenizar todo tipo de activos del mundo real, volviéndolos más líquidos y accesibles mediante la fraccionalización. Un caso de uso interesante es titularizar flujos de ingresos usando NFTs.

Por ejemplo, los ingresos futuros por royalty de un catálogo musical podrían dividirse en fracciones y tokenizarse como NFTs. Cada token representaría derecho sobre un % de esos cobros periódicos de derechos de autor.

Del mismo modo, se podrían tokenizar las entradas futuras de un canal de streaming, una cartera de patentes tecnológicas, o un porcentaje de taquilla de una película, por mencionar algunos casos.

De esta manera, cualquier persona podría adquirir estos NFTs fraccionados e invertir en flujos de ingresos que antes sólo estaban disponibles para grandes fondos de inversión o banca privada. Se democratiza el acceso.

Además, estos NFTs que representan derechos sobre ganancias futuras podrían intercambiarse libremente en mercados secundarios 24/7, volviendo los ingresos pasivos productos financieros líquidos y globales.

En síntesis, la tokenización de flujos de ingresos del mundo real es otro modelo emergente que está reinventando las finanzas descentralizadas, expandiendo el acceso y la innovación en este campo.

Creando fondos de inversión descentralizados tokenizados

Gracias a los NFTs y la tecnología blockchain es posible ahora crear fondos de inversión descentralizados, cuyas participaciones se dividen en tokens fraccionados que cualquier persona puede adquirir para exponerse a la cesta de activos subyacente.

Por ejemplo, podría crearse un fondo tokenizado que invierta en una cartera diversificada de arte NFT bluechip, comprando ediciones limitadas de distintos artistas populares.

El fondo se divide en tokens que cotizan en un exchange descentralizado. Los inversionistas pueden comprar los tokens y revenderlos, beneficiándose del rendimiento de la cartera de arte NFT subyacente sin necesidad de contribuir importantes capitales individuales.

También podrían crearse fondos descentralizados enfocados en otras clases de activos digitales, como coleccionables únicos de metaversos, música tokenizada, domain names blockchain, y más.

Incluso sería posible que una persona con conocimientos técnicos cree y administre su propio fondo de inversión tokenizado, atrayendo capital de terceros inversionistas para gestionarlo mediante reglas transparentes inmutables en smart contracts.

De esta manera, los NFTs fraccionarios abren el potencial de "tokenizar todo" e inventar fondos de inversión administrados comunitariamente, sin las limitaciones y costos de los modelos tradicionales centralizados.

Riesgos y desafíos de estas nuevas formas de finanzas descentralizadas

Si bien el potencial de innovación con NFTs y finanzas descentralizadas es enorme, también debemos considerar prudentemente los riesgos y desafíos que presentan estos modelos novedosos:

- Riesgo tecnológico por posibles bugs y vulnerabilidades en smart contracts y blockchains que podrían resultar en pérdida de fondos.
- Alta volatilidad del valor de los activos cripto subyacentes, dados los mercados aún incipientes con especulación y manipulación de precios.
- Posibilidad de hacks, estafas y phishing apuntando a robar fondos, NFTs o información personal.
- Ausencia de una red de seguridad formal al no existir respaldo de instituciones centralizadas, el código es la única ley.
- Retos para que los reguladores entiendan y encuadren adecuadamente estas nuevas formas de finanzas para proteger apropiadamente a los usuarios.
- Barreras de adopción aún existentes para usuarios no técnicos y mercados de capitales tradicionales.
- Riesgos derivados de contratos inteligentes de código complejo sin gobernanza clara ni garantías legales formales.

Abordar estos desafíos de manera proactiva y prudente, mediante la educación de los usuarios, la transparencia, la auditoría de código y trabajando colaborativamente con los reguladores, será clave para potenciar el aspecto más positivo de esta revolución financiera descentralizada.

Aspectos regulatorios y legales para las DeFi basadas en NFTs

Los innovadores modelos de finanzas descentralizadas basadas en NFTs plantean interesantes desafíos y preguntas respecto a su tratamiento legal y regulatorio para garantizar la protección de los usuarios. Exploremos algunos aspectos clave:

- Propiedad intelectual: Los derechos de autor y propiedad de los contenidos digitales tokenizados como NFTs deben estar claros en los smart contracts programados.
- Conocimiento del cliente: Los requisitos para identificar clientes en DeFi para cumplir con leyes como KYC tienen que adaptarse al contexto sin intermediarios.
- Privacidad: Se deben proteger los datos personales en aplicaciones DeFi mediante encryption, access control y otras medidas.
- Estabilidad financiera: Los reguladores deben analizar cómo la interconexión global de los protocolos DeFi podría impactar el sistema financiero más amplio.
- Gobierno corporativo: Es necesario determinar responsabilidades legales en la descentralización radical de las organizaciones autónomas.

- Protección al consumidor: Evitar phishing, manipulación de mercado, código malicioso y scams es fundamental, así como recuperación de cuentas y fondos hackeados.
- Impuestos: La correcta atribución y pago de impuestos sobre las actividades comerciales y ganancias en DeFi es otro tema clave.

Los reguladores, innovadores y la comunidad blockchain deben entablar un diálogo proactivo y centrado en principios para desarrollar marcos legales que potencien lo mejor de las finanzas descentralizadas de forma segura y ética.

El futuro de las finanzas abierto, sin intermediarios ni exclusión

La convergencia de NFTs, finanzas descentralizadas y blockchain tiene el extraordinario potencial de dar forma a un nuevo paradigma financiero más abierto, inclusivo y democratizado. Imaginemos algunos elementos de ese futuro:

- Protocolos financieros transparentes y sin permisos gobernados por la comunidad, reemplazando la opacidad de los bancos tradicionales.
- Acceso igualitario para cualquier persona en el mundo a participar en inversiones antes exclusivas para grandes fortunas, gracias a la fraccionalización de activos.
- Individuos creativos pueden tokenizar su talento, futuros ingresos y creaciones para obtener capital sin intermediarios extractivos.
- Los trabajadores reciben sus salarios en moneda digital en cuentas auto-custodiadas, conservando la privacidad y el control.
- Pagos transfronterizos rápidos, baratos y sin burocracia mediante stablecoins y wallets digitales.
- Préstamos peer-to-peer directos habilitados por smart contracts que evalúan riesgo y alinean incentivos sin sesgos.
- Plataformas de crowdfunding descentralizado para financiar emprendimientos y proyectos con micro-inversiones de cualquier persona.
- DAOs que permiten coordinar fondos comunitarios, donaciones, microseguros e inversiones de impacto local.
- Un sistema más resiliente y antifrágil sin puntos únicos de fallo, manipulación o exclusión sistémica.

Esta visión de un futuro financiero más liberador sin duda es ambiciosa. Pero gracias a los cripto activos y la mentalidad descentralizada ya estamos transitando este camino, paso a paso.

Capítulo 10 - Mitigando estafas y fraudes con NTFs

Introducción al problema de fraudes y estafas en el mundo NFT

El extraordinario crecimiento del mercado NFT ha dado lugar desafortunadamente también a un aumento de actividades fraudulentas y estafas que aprovechan la falta de experiencia de algunos usuarios en este nuevo campo. Pero con educación y acciones preventivas podemos mitigar en gran medida estos riesgos.

Dada la irreversibilidad de las transacciones blockchain, los delincuentes encuentran terreno fértil en este espacio emergente para engañar a posibles víctimas mediante esquemas como phishing para robar fondos, venta de tokens falsos, manipulación de precios y otros fraudes comunes.

Por ello, tanto los nuevos usuarios como los proyectos serios tienen la responsabilidad de informarse y tomar medidas para proteger al ecosistema. Cosas como verificar meticulosamente cualquier oferta de inversión, manejar adecuadamente las claves privadas, confirmar dominios y contratos legítimos, y evitar la codicia son fundamentales.

Si bien los reguladores buscan adaptar las protecciones al consumidor para esta nueva realidad, la acción colectiva de la comunidad será crucial. Al desarrollar una cultura blockchain más madura donde las malas prácticas no sean toleradas, podemos aprender a beneficiarnos de la tecnología minimizando sus aspectos negativos. La educación es poder.

Phishing y sitios web falsos para robar billeteras y NFTs

Uno de los fraudes más comunes relacionados a NFTs es el phishing, donde los estafadores crean sitios web falsos que imitan legítimos para robar información personal, contraseñas de billeteras crypto y tokens no fungibles de las víctimas.

Por ejemplo, podrían registrar un dominio sutilmente diferente al oficial de algún marketplace popular de NFTs y crear una interfaz idéntica. Luego dirigen tráfico al sitio falso mediante anuncios o correos electrónicos de phishing informando de supuestos problemas de seguridad o bonos.

Cuando la víctima ingresa sus datos en el sitio falsificado, los estafadores obtienen acceso a su cuenta real y sus activos. Incluso pueden sustraer la frase semilla de su billetera para vaciarla por completo.

Es crucial siempre verificar dos veces que el sitio web donde ingresamos información sensible sea legítimo y esté correctamente escrito. Instalar una extensión bloqueadora de malware y phishing en el navegador también es recomendable.

También debemos ser precavidos ante mensajes que solicitan acciones urgentes relacionadas con nuestras cuentas o billeteras, procurando verificar directamente con el proveedor antes de hacer nada.

Con medidas preventivas y doble verificando cualquier solicitud de datos, podemos protegernos y combatir estos phishings que lamentablemente se han vuelto muy frecuentes en el mundo cripto y NFT ante el auge.

Estafas mediante promesas de retornos falsos o ventas fraudulentas

Otro tipo de fraude muy común son las estafas piramidales o esquemas ponzi que utilizan falsas promesas de retornos espectaculares en el mundo cripto y NFT para atraer dinero de víctimas desprevenidas.

Por ejemplo, podrían crear una colección falsa de NFTs con una historia y hoja de ruta ficticia prometiendo ganancias extraordinarias a futuro si compras sus tokens ahora en etapa temprana.

Utilizan técnicas psicológicas como generar falsa sensación de exclusividad y escasez, o presionar a tomar una "oportunidad limitada" con tiempo expirando para sembrar urgencia.

Cuando los incautos invierten atraídos por las falsas expectativas, los estafadores se llevan los fondos y desaparecen. Otras veces operan como esquemas Ponzi pagando falsos retornos a primeros inversores con dinero de los nuevos para generar confianza, hasta que colapsan.

La regla cardinal es desconfiar de cualquier garantía de retornos altos y estables, especialmente en periodos cortos. Si suena demasiado bueno para ser cierto, probablemente es estafa. Verificar la legitimidad del equipo y proyecto es esencial.

Con investigación prudente, sentido común y evitando la codicia, podemos protegernos y también advertir a otros para eliminar estos actores tóxicos que sólo buscan enriquecerse rápidamente a costa de engañar incautos.

Creación de tokens no oficiales (counterfeit NFTs)

Otra estafa que ha surgido recientemente es la creación de NFTs no oficiales que imitan colecciones populares, conocidos como "counterfeit NFTs", para engañar a compradores desprevenidos haciéndoles creer que adquieren un token legítimo y valioso.

Por ejemplo, podrían crear tokens que copian el arte e incluso metadatos de colecciones valiosas como Bored Ape Yacht Club o CryptoPunks para luego revender estos fakes y beneficiarse de la confusión con los originales.

Como los NFTs permiten replicar fácilmente el contenido visual pero tienen data única en la blockchain, es clave verificar en los exploradores blockchain que el token que vamos a comprar tiene el smart contract address legítimo, no una imitación.

También debemos desconfiar de cualquier precio demasiado bajo o "oportunidad" de adquirir estos NFTs premium, comparando la oferta con los precios de ventas recientes verificables en los marketplaces oficiales para identificar posibles counterfeits.

Si bien es difícil de erradicar por completo, mayor conciencia entre los usuarios sobre cómo verificar la autenticidad en la cadena de bloques y no dejarse llevar por ofertas "demasiado buenas" ayuda a combatir la falsificación de NFTs.

Manipulación de mercado y esquemas pump & dump

Otra problemática que enfrenta el mundo cripto y NFT son las manipulaciones de precio mediante tácticas como el wash trading y las estafas "pump & dump" para inflar artificialmente el valor de ciertos activos y beneficiarse de compradores incautos.

En el wash trading, los manipuladores realizan compraventas simultáneas de un NFT desde dos billeteras propias para simular demanda falsa y hacer creer que el precio se incrementa orgánicamente, cuando no es así.

Mientras que en el "pump & dump", primero inflan artificialmente el precio de un NFT mediante wash trading, difusión masiva y otras tácticas, generando una fiebre FOMO. Pero luego venden justo antes de que el precio colapse, dejando a los incautos con fuertes pérdidas.

Es clave tener cuidado con nuevos proyectos NFTs sin reputación que muestran subidas abruptas de precio y hype desproporcionado en redes. Analizar métricas como liquidez real y concentración de wallets ayuda a identificar posibles manipulaciones especulativas.

Si bien es difícil regulación formas sofisticadas de manipulación dada la naturaleza global y sin intermediarios de cripto, una comunidad educada que repudie estas malas prácticas puede mitigar en gran medida su impacto, al igual que plataformas que las detecten y sancionen proactivamente.

Hackeo de billeteras crypto mediante ingeniería social

Un vector común de robo de fondos y NFTs son los hackeos de billeteras digitales mediante ingeniería social, donde en lugar de atacar vulnerabilidades técnicas, los estafadores manipulan psicológicamente a las víctimas para que compartan información sensible y claves privadas.

Por ejemplo, podrían contactarte haciéndose pasar por soporte de tu billetera advirtiéndote de un problema urgente, y en su afán de ayudar muchos usuarios terminan compartiendo sin querer datos que habilitan el hackeo, como la frase semilla.

Otra técnica es el SIM swapping, donde el hacker contacta al proveedor móvil haciéndose pasar por uno para duplicar la SIM a otro dispositivo, y luego restablecer contraseñas por SMS para tomar cuenta de tus fondos.

El ransomware también es utilizado para cifrar archivos y datos importantes, y luego exigir un pago en cripto para desbloquear el acceso. No se recomienda nunca acceder al chantaje, sólo fomenta más ataques.

La educación es clave. Nunca compartir frases semilla, activar autenticación de dos factores, mantener software actualizado y hacer copias de seguridad offline son hábitos que blindan frente a la ingeniería social.

El sentido común y la precaución son la mejor defensa ante estos ataques que desafortunadamente van en aumento ante la mayor adopción de cripto activos y NFTs. Con disciplina y medidas preventivas se puede evitar ser víctima.

Acciones preventivas para proteger tus activos en NFT

Existen varias medidas preventivas concretas que podemos tomar para proteger nuestras inversiones en NFTs y cripto activos frente a posibles fraudes o hackeos:

- Nunca compartas tu frase semilla (seed phrase) con nadie, ni siquiera supuesto "soporte" de aplicaciones crypto. Es la llave maestra de tus fondos.
- Activa autenticación de dos factores (2FA), preferiblemente mediante apps como Google Authenticator, para poner una capa extra además de la contraseña al iniciar sesión.
- Utiliza gestores de contraseñas para generar credenciales únicas y robustas para cada cuenta. Nunca reutilices passwords.
- Mantén siempre actualizado el software de tus billeteras, dispositivos y antivirus para parchear vulnerabilidades recién detectadas.
- Crea respaldos off-line de tus billeteras, por ejemplo imprimiendo o guardando digitalmente tu frase semilla. No dependas sólo de la memoria del navegador.

- No ingreses tu frase semilla o contraseña de billeteras en sitios externos. Las legítimas nunca te lo pedirán directamente.
- Evita conectarte a redes WiFi públicas para acceder a cuentas blockchain. Usa VPNs para encriptar tu tráfico.
- Distribuye tus fondos entre varias billeteras y marketplaces para mitigar riesgos. Nunca todo en un solo lugar.
- Verifica meticulosamente enlaces y remitentes antes de hacer click o ingresar datos. Muchos fraudes inician con phishing.

Adoptando estas buenas prácticas de seguridad cripto, podemos prevenir la mayoría de vectores que podrían poner en riesgo el valor de tus NFTs y activos blockchain. ¡Tu diligencia es la mejor defensa!

Verificando la autenticidad y legalidad de un proyecto NFT

Ante la proliferación de fraudes y estafas en el mundo NFT, es esencial verificar rigurosamente la legitimidad de cualquier proyecto antes de adquirir alguno de sus tokens o confiar inversiones. Algunos pasos clave:

- Confirma que el smart contract del proyecto coincide exactamente con el auditado y verificado. Esto descarta imitaciones (counterfeits).
- Investiga profundamente al equipo detrás del proyecto a través de sus perfiles sociales y trayectoria. Desconfía de equipos anónimos.
- Lee la documentación legal sobre derechos de propiedad intelectual de los activos que tokenizan, términos y condiciones. Debe ser transparente.
- Compara activamente el valor de mercado y volúmenes de trading informados con datos de fuentes confiables como DappRadar u OpenSea.
- Desconfía de promesas de retornos altos o estables. Si suena demasiado bueno para ser cierto, probablemente sea estafa.
- Favorece plataformas establecidas con buena reputación. Evita nuevos marketplaces sin trayectoria o con pocos usuarios.
- Pon especial cuidado con proyectos promovidos agresivamente en redes sociales. El bombo publicitario excesivo suele indicar estafa.
- Denuncia tentativas de fraude o conducta sospechosa a la comunidad y plataformas. Tu voz puede prevenir futuros perjuicios.

Aplicando sentido común y haciendo tu propia investigación diligente, es posible evitar la mayoría de fraudes e identificar oportunidades legítimas y valiosas en el ecosistema NFT.

Cómo actuar en caso de ser víctima de fraude o hackeo

Si bien lo ideal es prevenir ser víctima mediante las medidas ya discutidas, en caso de sufrir un fraude o hackeo con pérdida de tus NFTs o cripto activos, algunos pasos clave a seguir:

- Mantén la calma y no actúes apresuradamente. Evalúa bien la situación y recopila evidencias antes de proceder.
- Toma capturas de pantalla y registra todos los detalles relevantes, como direcciones de billeteras involucradas, IDs de transacciones, correos o mensajes de los estafadores.
- Reporta el incidente ante la policía local para dejar constancia formal del crimen. También informa a plataformas involucradas.
- Contacta a exchanges centralizados que hayan estado involucrados para ver si pueden revertir transacciones fraudulentas recientes.
- Si fue phishing de datos personales, cámbialos rápidamente para prevenir usos posteriores. Desvincula tarjetas asociadas.
- Para hackeo de cuentas, recupéralas tan pronto como sea posible cambiando credenciales y habilitando medidas de seguridad.
- Únete a foros y grupos de víctimas de fraudes blockchain para obtener apoyo e intercambiar información.
- Considera contratar servicios forenses blockchain para rastrear fondos robados e identificar a los defraudadores.

Aunque lamentablemente no se puede revertir transacciones en blockchains, tomar acciones diligentes e inmediatas puede ayudar a mitigar el impacto y evitar pérdidas mayores.

Aspectos legales y regulatorios para perseguir estafas en NFT

Si bien la naturaleza descentralizada y global de las criptomonedas y NFTs plantea desafíos legales únicos, existen vías mediante las cuales las víctimas pueden procurar alguna acción correctiva o compensación ante fraudes y estafas:

- Reportar el delito a las autoridades policiales para dejar constancia formal sobre lo sucedido e iniciar una investigación, aunque su alcance puede ser limitado.
- Contactar agencias de protección del consumidor para denunciar estafas, publicidad engañosa o información fraudulenta. Podrían emitir multas y órdenes correctivas.
- En algunos casos, demandar civilmente a los defraudadores si se logra identificarlos para reclamar una indemnización económica por daños. Requerirá contratar abogados.
- Buscar congelar judicialmente activos de los estafadores para prevenir que disfruten de los fondos sustraídos y posiblemente recuperarlos.
- Presentar reclamos formales a plataformas involucradas como exchanges centralizados, marketplaces, etc. Algunas veces revierten transacciones sospechosas.

- Contratar servicios forenses blockchain especializados para rastrear flujo de fondos y presentar evidencia sólida requerida para acciones legales.

Si bien no hay garantías de resarcimiento dado el carácter irreversible de las transacciones blockchain, agotar todas las vías legales disponibles y generar precedentes puede ayudar a mejorar las protecciones en este nuevo ámbito.

Construyendo una comunidad que rechace prácticas fraudulentas

Más allá de medidas individuales, es muy importante que la comunidad blockchain y NFT protagonice un rechazo activo de cualquier conducta fraudulenta o estafas mediante la presión social. Algunas formas de lograrlo:

- No interactuar nunca con contenidos o responder mensajes de cuentas sospechosas. Ignorarlos hace que los algoritmos no los promuevan.
- Reportar agresivamente cuentas y contenidos fraudulentos en redes sociales y plataformas blockchain para que sean eliminados rápidamente.
- Advertir públicamente sobre fraudes conocidos, estafas o prácticas engañosas para que otros usuarios puedan protegerse.
- Firmar y promover peticiones colectivas repudiando malas conductas y exigiendo medidas efectivas de las plataformas.
- Difundir y apoyar iniciativas de verificación de identidad y cuentas para combatir el anonimato malicioso.
- Financiar y participar en campañas de educación masiva para que nuevos usuarios se informen y protejan ante fraudes comunes.
- Exponer públicamente con pruebas a estafadores conocidos para avergonzarlos y que la comunidad los evite.

Mediante la construcción proactiva de una cultura blockchain ética que margine las estafas, podemos reducir considerablemente las probabilidades de éxito de estas conductas nocivas sin necesidad de una autoridad central.

Despedida

Y así concluimos este recorrido por el fascinante universo de los NFT. Espero que esta guía comprensiva te haya brindado el conocimiento y la inspiración necesaria para comenzar a explorar el enorme potencial creativo y económico de los tokens no fungibles.

Más allá de la teoría, el verdadero aprendizaje viene de la implementación. Te animo a poner en práctica de forma gradual pero consistente los conceptos más relevantes que más te hayan resonado. Convierte tus ideas en realidad acuñando tus primeros NFT. Participa activamente en comunidades relacionadas. Colabora con otros entusiastas. Itera, aprende y crece.

El ecosistema NFT es joven y despunta recién, por lo que depara oportunidades extraordinarias para quienes se atrevan a transitar este camino como pioneros. El futuro está literalmente en nuestras manos para moldearlo.

El tiempo y esfuerzo invertido en dominar los NFT sin duda rendirá frutos con creces. Pero más importante aún, te permitirá contribuir valor real mientras te conectas con una comunidad global de apasionados por explorar el potencial de la tecnología blockchain para transformar para mejor la economía y la sociedad.

¡Mucha suerte! Espero verte pronto exponiendo tu arte NFT, contribuyendo en metaversos descentralizados o construyendo los nuevos modelos económicos que reimaginarán radicalmente el mundo tal como lo conocemos. El futuro ya llegó, ¡vívelo!

Ahora estás preparado para crear riqueza con los NFTs

Finalmente, si disfrutaste este libro, te agradecería enormemente que puedas tomarte unos minutos para dejar una reseña o calificación en la tienda online. Tu apoyo ayudará a otros a beneficiarse de esta guía. ¡Gracias y éxitos!

Alberto Ollero Herrán